沈从文

评传

〔美〕聂华苓——著

刘玉杰——译

何吉贤——校

北京联合出版公司
Beijing United Publishing Co.,Ltd.

聂华苓

陈建仲 摄

目　录

　　成长期的这些年是丰富多彩而又充满暴力的。逃学的沈从文不会忘记肉铺里的一滴血、尸首上的一根毛发，以及一根粉条、一块铁屑、一缕汉麻、一滴汗珠，甚至是铁匠的铁砧里发出的一线微光。

　　回顾这些惨痛的经历，这位曾经的部队司书谴责人们的愚蠢。他曾经耽于尽职，曾经绝望地缄默，现在，他要以文还击。他的自传记录了无辜者被屠杀时的尖叫声，尸骨腐烂的恶臭，以及任何不人道的愚蠢行为。

　　沈从文傲慢地对持续不断的求婚置之不理，尽管他的家人都认为那是解决他生计的"更理想的方法"，但他被一个女孩迷住了，到后来才知道，与其说那是恋爱，还不如说是单相思。

　　激进主义的学生也与教师、工人和商人联合起来，发动人民的力量，鼓励大众摆脱习俗的束缚，表达对现状的不满。无论当局看起来多么高高在上，五四运动都证明了群众的愤慨不容忽视。

中译本前言

沈从文是我佩服的现代中国小说家之一。

1964 年离开中国台湾来美国爱荷华城的时候，我只带了一本书，那就是沈从文的《湘行散记》。到了美国之后，我到处寻找他的著作。

这本书是 1972 年纽约传文出版社出版的"世界作家系列"中的一本英文书，是在当时资料有限的情况下完成的。

我自己是写作的，我喜欢沈从文的作品主要是由于其艺术性。我从"为什么它们是艺术品"的角度出发，运用现代评论的方法，对他的作品进行有机的分析。

这本将近五十年前发行的英文版的《沈从文评传》，在时空的转迁里，如今能在国内出版，让我感到高兴。

谢谢我的女儿——舞蹈家王晓蓝这两年来为这本书的翻译和出版所作的努力；感谢译者刘玉杰，及中国社会科学院文学研究所何吉贤教授的校译。

聂华苓

2020 年 3 月 31 日

致　谢

首先要诚挚地感谢中国香港诗人温健骝[1]，他前期令人赞叹的研究以及对相关材料的最初英译对本书颇有帮助，尤其是传记部分。他对本书所投注的热心和关注为该书增添了不可估量的洞见。

菲律宾小说家维尔弗雷多·诺雷多[2]，帮助完成了本书的传记部分。我也受惠于他在相关英文文本上给予的帮助。

爱荷华大学创意写作项目部（The Program in Creative Writing）的艾莉奥特·安德森（Elliott Anderson）对本书英文版的终定稿提供了帮助，威廉·戈莱特利（William Golightly）校阅了本书，对此，我表示诚挚的感谢。

爱荷华大学人文学院院长约翰·戈伯（John Gerber）教授

1. 温健骝（1944—1976），诗人，生于广东高鹤，1949年移居香港。在爱荷华大学"作家工作坊"获得硕士学位，其间协助聂华苓从事沈从文研究。撰有《"从武"到"从文"——沈从文生活之一》（载于1976年6月《文学与美术》第3期，收入香港实用书局版《沈从文著作及研究资料》第1辑。

2. 维尔弗雷多·诺雷多（Wilfrido D. Nolledo, 1943—2004），菲律宾裔美国小说家、剧作家。1965年，作为富布赖特学者来到爱荷华大学"国际写作计划"，后任《爱荷华评论》的文学编辑。

1

在任何时候都对我的工作报以理解和鼓励，爱荷华大学研究生院及其院长斯普里斯特斯巴赫（Spriestersbach）也支持了本书的写作。

斯坦福大学胡佛研究所东亚图书馆的邹琳达（Linda Tsou）女士慷慨提供了相关的图书资料，哥伦比亚大学的夏志清教授也在本书的准备阶段友好地允许我使用必要的图书，对此我也要表示感谢。

特向准许本书引用的如下著作表示谢意：

周策纵.五四运动史［M］.剑桥：哈佛大学出版社，1960.

［Harvard University Press（Cambridge，1960）：*The May Fourth Movement* by Chow Tse-tsung.］

蒂伯·门德.中国革命［M］.伦敦：泰晤士＆哈德逊出版社，1961.

［Thames and Hudson（London，1961）：*The Chinese Revolution* by Tibor Mende.］

邓嗣禹、费正清.中国对西方的回应［M］.剑桥：哈佛大学出版社，1966.

［Harvard University Press（Cambridge，1966）：*China's Response to the West* by Teng Ssu-yu and John K.

Fairbank.〕

　　沈从文. 中国的土地［M］. 金隄、罗伯特·白英译. 伦敦：乔治·艾伦＆昂温出版公司，1947.

　　〔George Allen and Unwin, Ltd.（London, 1947）：*The Chinese Earth* by Ching Ti and Robert Payne.〕

　　爱荷华大学国际写作计划为外国作家提供了适意的环境和许多实际帮助。

　　由于爱荷华大学对不论来自哪个国家和地区的创意作家独一无二的好客，我才得以能够完成这项对一位中国小说家的评传式研究，同时也能够继续写作、出版我自己的小说。最后，我还要对圣保罗市的希尔家族基金会[1]敬致谢忱，感谢他们给予的帮助和对本书表现出的翻译兴趣。

---

1. 全称为 The Louis W. and Maud Hill Family Foundation，即路易斯·W. 希尔与穆德·希尔家族基金会。1934 年，路易斯·W. 希尔(Louis W. Hill)匿名创立列克星敦基金会(Lexington Foundation Inc)，其去世数年后的 1950 年，基金会更名为现名。

前　言

1936 年，中国现代文学巨人鲁迅逝世时，文学界似乎举行了一个非正式的交接仪式。一些读者认为，这位巨人留下的文学空白可能会由沈从文填补。起初，沈从文看似不太可能成为社会文学派宝座的继承人，因为年轻的沈从文与老一代的鲁迅并无任何共同之处。作为文学家，他们的差别就如大米与玉米一样。鲁迅的性格里带有一种坚忍和不屈不挠的品质，还有一种解不开的悲观情绪，这些也浸染在他的作品中。他是中国社会，尤其是内战期间，所有荒谬现象、颓废事物的无情批判者。他不只关注本民族的劣根性，同时也担心西方工业化的侵蚀可能会给他懵然不觉的同胞们带来更深重的灾难。由此，愤怒的作家别无选择，只能将其国人描绘成受人愚弄的傻瓜或供人驱使的爪牙，描绘成病态的一类。如一位绝望的医生，他发现新伤，揭开旧疤，眼光未曾有一刻离开过他的病人，也未曾有一刻闲暇去吟花弄月。

然而，生活方式的不同从来不能成为争夺继承权的基础，无论这种继承是文学还是其他方面。以沈从文而言，他将自己定位为生命的"记录者"。相比于鲁迅的作品主要来源于中国的城镇，沈从文着眼的是中国的乡村。从青春期到成年的过程中，如果不足够灵活，沈从文就不可能在国家政治的歇斯底里与镇压之间存活下来。几段断断续续的部队经历，使他体验到乡村生活和与之相伴的残酷恐怖。但这些不愉快的经历，并没有削弱他对乡村生活内在之美的欣赏，以及他对乡村农民美德的赞扬。即使是残暴的军阀，也不能减弱沈从文对民众内在善良的信任，从这些善良的品质中，他看到了在未来建立一个充满活力的国家的结构性基础。

沈从文在文学上的努力，自然受到了所有伟大艺术家的滋养。作为一位现代作家，他从中国文学遗产中汲取精华，从中受益。四处漂泊的经历使他感受到生活中的多姿多彩和丰富细节，而对书籍的嗜好又为他建构自己的杰作奠定了坚实的基础。至于西方工业所带来的影响，沈从文则认为，任何此类入侵都不会严重影响中国人的生命力。鲁迅以尖锐的讽刺表达了他的失望和自我批评，其中包含着仇恨，并把这些批评像镜子一样，立于公众面前；而沈从文选择的主题和散文体风格则更为和缓乃至细腻。作为一名历经多次血腥屠杀和意识形态巨变的幸存者，沈从文是一位跨越人类苦难、走向基本人性的作家。他以古典的单纯[1]风格写作，努力为自己的高贵情怀找到最准

---

1. 原文为 simplicity，中译采用了本书第九章第二段所引的苏雪林评语。

确的词语。如果对他早期的小说进行重估，则沈从文在今日中国文学中所占的显赫地位，在一定程度上会减弱，因为他早期的创作常常是有瑕疵的。但他后期的写作，通过描述中国的男女老幼，真实地呈现了他们在中国曾有和一直将有的生存状况，弥补了前期作品的不足与夸张。他作品中的虚构人物，像他们经历的季节变换、忍受的饥馁、生育的孩子一样，切身而真实。沈从文对中国人生活带有抒情性而又生动的描写，是他对中国文学的独特贡献，止是这些贡献将他推向了中国现代小说作家的前沿。

在三十年代出现的中国作家中，沈从文是最广为人知，也是最重要的作家之一。但现在，他是中国大陆最沉默的作家之一，不再把主要精力用于写小说，而是去研究唐宋时代的瓷器、丝绸设计和铜镜。沈从文是一位真正的艺术家……三十年代，由于他对左翼的辩证法没有兴趣，而被左翼人士指斥为空洞和无思想。颇为讽刺的是，他对社会境况的批判又妨碍了当时的执政者国民党政府对他作品的接受，这意味着他的一些作品也受到了查禁。评论家们即使是从美学的角度对他进行了赞扬，也只不过是从"文体家"或"印象主义者"的角度作出评论——很少有评论家从现代小说家的角度去理解他。本书对沈从文作品的评论将集中在他的现代主题、风格和意象上。不同于西方作家的作品，沈从文的作品并不为多数西方读者熟知，所以在分析他的现代文学作品之前，我将分出几个章节来介绍他的生平及其所处的时代。我希望这本书能够帮助西方读者了解这位现代中国文学大师，并且深入了解这位身陷复杂意识形态处境却仍富创造力的独立艺术家所面临的困境和问题。

聂华苓
爱荷华大学，爱荷华城

第一章

他自沉水支流来 *

成长期的这些年是丰富多彩而又充满暴力的。逃学的沈从文不会忘记肉铺里的一滴血、尸首上的一根毛发，以及一根粉条、一块铁屑、一缕汉麻、一滴汗珠，甚至是铁匠的铁砧里发出的一线微光。

* 第一章标题的原文为"From the River Yüan: One More Tributary",沅水支流指穿凤凰而过的沱江。《从文自传》也未提及此河的名字,只以"小河"称之:"小河水流环绕'镇筸'北城下驶,到一百七十里后方汇入辰河,直抵洞庭。"见沈从文:《从文自传》,《沈从文全集》第 13 卷。太原:北岳文艺出版社,2009 年,第 246 页。全书脚注皆为译注,原注在文中以 [] 标号,并在书后单独列出,以下不再一一说明。

从沈从文的出生地,可一窥中国人的部分灵魂。在我们所说的湘西,长江的几条主要支流穿过溶洞点缀的群山,公路几不通行,农田土壤贫瘠,一方水土养一方人。居住在该地的苗族人[1]对巫傩多有涉足。与城市生活的压力相隔绝,湘西风景能让人即刻想起一幅平静而充满边地风情的中国卷轴画。沅水上到处是划子、帆船、油船、辰溪船、麻阳船[2]以及无桡船。武陵是传说中的渔人老家,诗人陶渊明的《桃花源记》中的桃源就在此地。湘西的民间传说也十分丰富,按照传说,如今"避秦时乱"的先人就都居于世外而遍寻不得了。在去往辰州的路上,我们大概不敢直视因其神奇而闻名的奇观:赶尸匠赶着成队的死尸行走在路上。也许地理的粗野、神秘主义的精微,有时可以熔铸成创造精神的重要组成部分。就沈从文来说,这些元素无疑有助于造就出一位中国一流的文学人物。

沅水支流边上的湖南凤凰县，靠近贵州和四川的边界，1903 年，沈从文就出生在这里。军人家世的沈家，常常夸耀死于战伤的贵州将军，即沈从文的祖父。沈从文的几位叔伯也在军中，父亲则是天津大沽口炮台指挥官的裨将。沈从文的祖母逝世前所期望的，便是"家中再来一个将军"[1]。

　　沈从文自上学起就很讨厌学校，一有机会就想着逃学。他总是能机灵且大胆地摆脱那些一心想要规训其精力、转变其心灵的老师。溪流总比课本好玩多了[2]；而教室就像瘟疫一样让人避犹不及。大自然一招手，就再也没有什么比在林中自由奔跑或在河中蹚水更惬意的了。无论是学校的训诫还是父母的管束，都不能让他放弃对户外的向往。沈父有一次甚至威吓他说，如果他再不悔改，就砍去他一根手指。沈从文被这一威胁吓坏了，但放弃天然游乐场的念头让他更感恐惧。为了保住手指，他答应要乖乖地听话，但旋即就逃向他的最爱——田野。那风吹过的田野，即使在他小时候也在教他一种将来文学生涯中要使用的语言。

---

1. 原文为 Shen's grandmother expressed the hope that there would be another general in the clan，译自沈从文原句："我的父亲生下地时，祖母所期望的事，是家中再来一个将军"。由此不难看出，本书第一章的传记性很强，所用传记材料多出自《从文自传》，而聂华苓的评论则较少。鉴于本书原文中聂华苓的一些词句是对沈从文原著的对译，译者遇此情况，多直接以沈从文的词句作为译文。

2. 原文为 Brooks were more interesting than books，聂华苓在此巧用头尾韵，译文难尽其妙。

沈父直到中年都还只是名普通军人 [1]，随着年岁渐长，他便将继续军人家世的希望寄托在了儿子身上。如果想要让家族之名将来被铭刻在纪念碑上——那是为家族光宗耀祖的方式——那么年轻的沈从文将不得不效仿父亲。

然而，这样的雄心并没有引起沈从文的兴趣。他更感兴趣的是跟随一个表哥的领导，这位表哥不依照书本或军事纪律，而是以更鲜活的冒险场景承担起教育沈从文的责任。没有什么比青少年时期的自由自在和编造扯谎的艺术更甜美的事了。很快，沈从文就成为一个撒谎成性的谎话高手。附近的一条河是如此诱人，他和伙伴们常常泡到河水中一玩就是半天，老师拿他们没有一点办法。游泳不再是一项运动，而是一种痴迷。基于这样的早期经历，沈从文后来写道："我感情流动而不凝固，一派清波给予我的影响实在不小。我幼小时较美丽的生活，大部分都与水不能分离。我的学校可以说是在水边的。我认识美，学会思索，水对我有极大的关系……" [3]

小学也丝毫没能改变小从文的态度。他不是去上学，而是在城外闲逛，上山里去玩。在学校，他被教导要尊崇教科书和老师写在黑板上的教诲，但是什么样黯淡无光的课文可以与富

---

1. 沈从文的父亲沈宗嗣终究未能成为将军，《从文自传》有言："至于我那个爸爸，却在蒙古、东北、西藏、各处军队中混过，民国二十年时还只是一个上校，把将军希望留在弟弟身上，在家乡从一种极轻微的疾病中便瞑目了。"见沈从文：《从文自传》，《沈从文全集》第13卷。太原：北岳文艺出版社，2009年，第252页。

于节奏、多样性的街景相提并论呢？在城里闲逛时，各种各样的面孔和行当让他着迷。人们在寺庙里绞绳子、织竹簟、做香。在其他地方，他们带着更卑微的希望做着更卑微的工作：他们唠叨，他们吵架，他们欢笑，他们歌唱。就这样在不知不觉中，沈从文从逃学中慢慢地、吃力地开始了他的作家学徒生涯。

当然，自我放纵是要付出代价的。在学校里，逃学者得伏在孔子牌位前，被笞打到表示悔恨为止。这位庄严的中国老人似乎悲哀地看着这一切。惩罚各不相同，有时沈从文又被罚跪至一炷香的时间。小从文一面忍受着似乎积压了几百年的怒火和自己身体的僵硬，一面想象着他曾游过泳的池塘，他尚未攀爬的树上的累累果实，以及他渴望攀爬的山峰。在家里，他不得不温顺地承受来自父母愤怒的后果。

父母认为，儿子逃学在很大程度上是教师管教太宽所致，因此决定将沈从文送到离家更远的新学校念书。不幸的是，这样反而加重了沈从文四处游荡的癖好。在前往新学校的路上，他再次因几个有趣的地方而转移了注意力：针铺里，一个老人戴了极大的眼镜，低下头来在磨针；一个大门敞开的伞铺，向行人露出了几个学徒弯腰工作的身影；一家皮靴店，大胖子皮匠腆着圆滚滚、毛茸茸的肚子，用夹板上鞋；又有剃头铺，任何时节总有顾客手托一个小小木盘，呆呆地坐着任剃头师傅刮头；又可看到一家染坊，有强壮多力的苗人，踹在凹形石碾上面，站得高高的，偏左偏右地摇荡。又有三家苗人打豆腐的作坊，头包花帕的细腰苗妇人像印第安人一样，将孩子缚在身背后，或向他们轻声歌唱，或用放光的铜勺逗乐他们。还有一家豆粉[1]作坊，骡子在不停地拉磨。在棚屋的屋顶上，白粉条在阳光下晾晒；一张屠户的肉案上放着些尚在颤动的新鲜猪肉；一家既出售冥器也出租花轿的铺子里，有扎成蓝面魔鬼、鱼龙、金童玉女等各种样式的纸品。每天只见得，花轿越来越少了，而纸质祭品却越来越多。生意尽管兴隆，店家却好像不受钱财影响一样，继续像往常一样无动于衷地干活，给货物贴金、傅粉、涂色。

尽管街市多彩多姿，令人目不暇接，但给沈从文留下最深印象的还是西城的牢狱。一大清早，戴着手铐、脚镣，表情冷峻的男囚，从牢狱倾泻而出，派往衙门去做苦役。在行刑处，野狗已把尸首咋碎。奇怪的冲动让沈从文拾起一块石头扔向那些腐烂的尸体。有时他甚至会用木棍戳戳尸体，看看会不会动。而更常见的是，他会预先在书篮里放了石头好抛向野狗。

在城南，人们在河滩上宰牛。沈从文连着几小时看畜生一头头被放倒的可怖场景。如此精确和如芭蕾般的屠宰动作，使得沈从文对于血腥的事情，该明白的从头到尾都明白了。再过

---

1. 沈从文笔下的豆粉即淀粉，聂华苓以 cornstarch（玉米淀粉）译之，既不失准确，又照顾了本书预设的西方读者的知识结构和生活习惯。

去一点就是边街，有几个老人在破竹篾，还有两个小孩子蹲在地上织簟子。附近有家铁匠铺，制铁炉占据屋中。可以看到一个小孩子两只手拉着风箱横柄，把整个身子的分量前倾后倒，使尽全力，以使那巨大的装置发出一种凶猛的吼声。

若河里涨了大水，小从文就赤脚在水坑里蹚水。大水照例会带来木头、家具、南瓜和其他零碎的漂流物。身系长绳的年轻人从桥头把自己降到水里，打捞水面上中意的物什。

成长期的这些年是丰富多彩而又充满暴力的。逃学的沈从文不会忘记肉铺里的一滴血、尸首上的一根毛发，以及一根粉条、一块铁屑、一缕汉麻、一滴汗珠，甚至是铁匠的铁砧里发出的一线微光。每一次经历都会成为他皮肤的一层，他重要财富的一部分，他就像守财奴一样囤积着每一枚硬币、废角料和小玩意儿。在后来的一篇文章《我的写作与水的关系》中，沈从文再次清点了他的这些财富：

　　　　到十五岁以后，我的生活同一条辰河无从离开，我在那条河流边住下的日子约五年。这一大堆日子中我差不多无日不与河水发生关系。走长路皆得住宿到桥边与渡头，值得回忆的哀乐人事常是湿的……
　　　　我虽离开了那条河流，我所写的故事，却多数是水边的故事。故事中我所最满意的文章，常用船上水上作为背影，我故事中人物的性格，全为我在水边船上所见到的人物性格。我文字中一点忧郁气氛，便因为被过去十五年前南方的阴雨天气影响而来，我文字风格，假若还有些值得注意处，那只因为我记得水上人的言语太多了。[4]

但沈从文并非只是懒散地闲逛。他从中学习，并开始发问：为什么骡子推磨时得把眼睛遮上？为什么刀得烧红时在水里一淬方能坚硬？为什么雕佛像的会把木头雕成人形，所贴的金那么薄又用什么方法做成？为什么小铜匠会在一块铜板上钻那么一个圆眼，刻花时刻得整整齐齐？

......各处去看，各处去听，还各处去嗅闻：死蛇的气味，腐草的气味，屠户身上的气味，烧碗处土窑被雨以后放出的气味，要我说来虽当时无法用言语去形容，要我辨别却十分容易。蝙蝠的声音，一只黄牛当屠户把刀割进它喉咙中时叹息的声音，藏在田塍土穴中大黄喉蛇的鸣声，黑暗中鱼在水中泼刺的微声，全因到耳边时分量不同，我也记得那么清清楚楚......[5]

第二章

血色的河流 *

回顾这些惨痛的经历，这位曾经的部队司书谴责人们的愚蠢。他曾经耽于尽职，曾经绝望地缄默，现在，他要以文还击。他的自传记录了无辜者被屠杀时的尖叫声，尸骨腐烂的恶臭，以及任何不人道的愚蠢行为。

* 　本章所述为沈从文在怀化当兵时的经历，以《从文自传》中的《怀化镇》和《沈从文甲集》中的《我的教育》两个文本为基础写成。题目"血色的河流"应取自以下文字："逢场杀了这些人，真是趁热闹。血从石罅流到溪里去，桥下的溪水正是不流的水，完全成了血色，大家皆争伏到栏干上去看。"见沈从文：《我的教育》，《沈从文全集》第 5 卷，太原：北岳文艺出版社，2002 年，第 215 页。

在沈家，暴力早已是司空见惯的事情。沈家的所有叔伯兄弟都在军中任职；1911 年，沈从文的父亲和堂叔组织发动了湘西本地的辛亥革命，这已不是什么秘密。《从文自传》中的以下段落，详细叙述了他所经历的革命中惊心动魄的时刻：

> 听说同我爸爸留在城里，我真欢喜。我记得分分明明，第二天晚上，叔父红着脸在灯光下磨刀的情形，真十分有趣。一时走过仓库边看叔父磨刀，一时又走到书房去看我爸爸擦枪。家中人既走了不少，忽然显得空阔许多，我平时似乎胆量很小，到这天也不知道害怕了。我不明白行将发生什么事情，但却知道有一件很重要的新事快要发生。我满屋各处走去，又傍近爸爸听他们说话，他们每个人脸色都不

同往常安详，每个人说话皆结结巴巴。几个人一面检查枪支，一面又常常互相来一个莫名其妙的微笑，我也就跟着他们微笑。

我看到他们在日光下做事，又看到他们在灯光下商量，那长身叔父一会儿跑出门去，一会儿又跑回来悄悄地说一阵，我装作不注意的神气，算计到他出门的次数。这一天他一共出门九次，到最后一次出门时，我跟他身后走出到屋廊下，我说：

"四叔，怎么的，你们是不是预备杀仗？"

"咄，你这小东西，还不去睡，回头要猫儿吃你。"

……

这一夜中城里城外发生的事我全不清楚。等到我照常醒来时，只见全家中各个人皆脸儿白白的，在那里悄悄地说些什么。大家问我昨夜听到什么没有，我只是摇头。我家中似乎少了几个人，数了一下，几个叔叔全不见了，男的只我爸爸一个人，坐在他那唯一专利的太师椅上，低下头来一句话不说。我记起了杀仗的事情，我问他：

"爸爸、爸爸，你究竟杀过仗了没有？"

"小东西，莫乱说，夜来我们杀败了！全军人马覆灭，死了几千人！"

正说着，高个儿叔父从外面回来了，满头是汗，结结巴巴地说："衙门从城边已经抬回了四百一十个人头，一大串耳朵，七架云梯，一些刀，一些别的东西。对河还杀得更多，烧了七处房子，现在还不许人上城去看。"

爸爸听说有四百个人头，就向叔父说：

"你快去看看，躲韩在里边没有。赶快去，赶快去。"

躲韩就是我那黑且胖的表兄，我明白他昨天晚上也在城外杀仗后，心中十分关切。听说衙门口有那么多人头，还有一大串人耳朵，正与我爸爸平时为我说到的杀长毛故事相合，我又欢乐又吓怕，兴奋得脸白白的，简直不知道怎么办。洗过了脸，我方走出房门，看看天气阴阴的，像要落雨的神气，一切皆很黯淡。街口平常照例可以听到卖糕人的声音，以及各种别的叫卖声音，今天却异常清静，似乎过年一样。我想得到一个机会出去看看，我最关心的是那些我从不曾摸过的人头。一会儿，我的机会便来了，长身四叔跑回来告我爸爸，人头里没有躲韩的头。且说衙门口人多着，街上铺子皆奉令开了门，张家老爷也上街看热闹了。因此我爸爸便问我：

"小东西，怕不怕人头，不怕就同我出去。"

"不，我想看看人头。"

于是我就在道尹衙门口平地上看到了一大堆肮脏血污人头，还有衙门口鹿角上，辕门上，也无处不是人头。从城边取回的几架云梯，全用新竹子做成（就是把这新从山中砍来的竹子，横横地贯了许多木棍）。云梯木棍上也悬挂许多人头，看到这些东西我实在稀奇，我不明白为什么要杀那么多人。我不明白这些人因什么事就被把头割下。我随后又发现了那一串耳朵，那么一串东西，一生真再也不容易见到过的古怪东西！叔父问我："小东西，你怕不怕？"我回答得极好，我说："不怕。"我听了多少杀仗的故事，总说是"人头如山，血流成河"，看戏时也总据说是"千军万马分个胜败"，却除了从戏台上间或演秦琼哭头时可看到一个木人头放在朱红盘子里，此外就不曾看到过一次真的杀仗砍下什么人头。现在却有那么一大堆血淋淋的从人颈脖上砍下的东西。我并不怕，可不明白为什么这些人就让兵士砍他们，有点疑心，以为这一定有了错误。

为什么他们被砍，砍他们的人又为什么？心中许多疑问，回到家中时问爸爸，爸爸只说这是"造反"，也不能给我一个满意的答复。我当时以为爸爸那么伟大的人，天上地下知道不知多少事，居然也不明白这件事，倒真觉得奇怪。到现在我才明白这事永远在世界上不缺少，可是谁也不能够给小孩子一个最得体的回答。

……

革命算已失败了，杀戮还只是刚在开始。城防军把防务布置周密妥当后，就分头派兵下乡去捉人，捉来的人只问问一句两句话，就牵出去城外去砍掉。平常杀人照例应当在西门外，现在造反的人既从北门来，因此应杀的人也就放在北门河滩上杀戮。当初每天必杀一百左右，每次杀五十个人时，行刑兵士还只是二十，看热闹的也不过三十左右。有时衣也不剥，绳子也不捆缚。就那么跟着赶去的。常常听说有被杀的站得稍远一点，兵士以为是看热闹的人就忘掉走去。被杀的差不多全从乡下捉来，胡胡涂涂不知道是些什么事。因此还有一直到了河滩被人吼着跪下时，方明白行将有什么新事，方大声哭喊惊惶乱跑，刽子手随即赶上前去那么一阵乱刀砍翻的。

这愚蠢的杀戮继续了约一个月，方渐渐减少下来。或者因为天气既很严冷，不必担心到它的腐烂，埋不及时就不埋，或者又因为还另外有一种示众意思，河滩的尸首总常常躺下四五百。

到后人太多了，仿佛凡是西北苗乡捉来的人皆得杀头。衙门方面把文书禀告到抚台时，大致说的就是苗人造反，因此照规矩还得剿平这一片地面上的人民。捉来的人一多，被杀的头脑简单异常，无法自脱，但杀人那一方面却似乎有点寒了心。几个本地有力的绅士，也就是暗地里同城外人讲通却不为官方知道的人，便一同向宪台请求有一个限制，经过一番选择，该杀的杀，该放的放。每天捉来的人既有一百两百，差不多全是无辜的农民，既不能全部开释，也不能全部杀头，因此选择的手续，便委托了本地人民所敬信的天王，把犯人牵到天王庙大殿前，在神前掷竹筊，一仰一覆的顺筊，开释，双仰的阳筊，开释，双覆的阴筊，杀头。生死取决于一掷，应死的自己向左走去，该活的自己向右走去。一个人在一分赌博上既占去便宜三分之二，因此应死的谁也不说话，就低下头走去。

我那时已经可以自由出门，一有机会就常常到城头上去看对河杀头。每当人已杀过赶不及看那一砍时，便与其他小孩比赛眼力，一二三四届指计数那一片死尸的数目，或者又跟随了犯人，到天王庙看他们掷筊。看那些乡下人，如何闭了眼睛把手中一副竹筊用力抛去，有些人到已应当开释时还不敢睁开眼睛。又看着些虽应死去还想念到家中小孩与小牛猪羊的，那分颓丧那分对神埋怨的神情，真使我永远忘不了。

我刚好知道"人生"时，我知道的原来就是这些事情。[1]

1914 年，根据当地新的教育体系的规定，成立了一所新式小学。1915 年，沈从文进入新式小学就读。1917 年秋，在他读四年级的时候，讨伐袁世凯[2]的内战爆发 1。出于自卫，湖南地方政府组建了一支正规军，并成立了训练兵士的学兵营。这一突然降临到小城的军事氛围，对当地百姓来讲并非什么好兆头，但对沈母却可以说是一种解围，因为到目前为止，对如何管教品性顽劣的儿子，她已经备感无望。她觉得不能再因儿子多识于草木虫鱼之名就夸赞他了。尽管沈从文有制作瓷器的本领，沈母却不想将他培养成陶工；尽管他懂雕刻，沈母也不想让他成为雕塑艺人。她认为儿子最需要的是规矩，因此将他送到了新成立的军事训练营。起初，这个选择看似完美。作为一名新兵，沈从文完成了所有训练。或许是为了迎

---

1. 讨伐袁世凯称帝的护国运动实际发生于 1915 年至 1916 年间。

合家人的期盼，他甚至申请了部队里更高的职位。虽然他从未在军队中获得过正规军人的军衔，但仍然通过了所有考核，参加了所有必要的演习。

1918 年，随着教官的调走，湖南的军役补习组也随即解散。经过长达八个月的集中军事训练，格斗术让沈从文有了结实的体格，严格的军营生活也克制了他散漫的性格。然而，回到家里的他发现，生活已变得困难。父亲再次远离家乡，一位姐姐死了，家里的大部分财产已被变卖用以还债——除了这些损失，早在义和团运动 [3] 时期，这个家庭的财产就遭到了首次严重洗劫。迎接这位新兵的，并不是温暖的归乡，而是沈母希望他到外面闯荡的不幸消息。

1918 年 7 月 16 日，十五岁的沈从文以补充兵的身份离开家乡，到遥远的、比凤凰更大的辰州（即沅陵）驻防。

八年后，他在一篇小说《离开故乡》[1] 中，描述了他的冒险经历。第一次离家意味着先徒步六十里路，到有大河通船的地方，再乘两天船到达驻地。[2] 他沿着河街，瞥见无数小铺子和有趣味的物件：巨大的船缆，数不清的硬木、小鱼篓、小刀、火镰、烟嘴。他每次都蹲在那里看个半天，"同个绅士守

---

1. 原文为 Leaving Home，根据聂华苓提供的时间，未见沈从文相关篇目；根据上下文内容，作于 1928 年的《卒伍》和作于 1932 年的《辰州》均是关于离家从军的作品，却与时间不符。故此，这里权且直译为《离开故乡》。

2. 按《从文自传》里的描述，是坐了四天船到达辰州驻地的。

在古董旁边一样恋恋不舍"[1]。

事实证明，驻地生活和凤凰的训练营生活非常相似。功课方面，部队每天早上都要跑步——跑步的目的是为了追人还是逃亡，谁也不很清楚。食物方面，每天吃的总是豆芽菜汤同糙米饭，每到礼拜天才可以吃到四两肥猪肉。人们的精力都花在擦枪上，此外别无他事。

好几支部队驻扎在辰州，相互混杂在一起，尽管他们看起来破落而业余，但由于人数众多，全辰州有五千军户，两万兵士，所以也不容小觑。一次军事会议将兵士重新编队，划定防区。几支部队驻防下游，其余照指定的各县城驻防清乡——肃清内战遗留下来的散兵游匪。

沈从文所在的部队，很快就开拔去往东村榆树湾，经过七天艰辛的水路和三天的旱路才到那里。一路上，敌方狙击手杀死了他们部队三个人。为了报复，他们的部队"处决"了近两千当地人。沈从文的此次役期持续了四个月，是一段被严苛的军事活动和野蛮的乡情所充斥的日子。集日里常能看到，两个乡下人用刀互砍，斗殴致死，不过作为旁观者，日子也才因此有了些生气。最使沈从文不能忘却的，还是商会会长那年纪极轻的女儿：

---

1. 原作未注明出处，见沈从文：《从文自传》，《沈从文全集》第13卷，太原：北岳文艺出版社，2002年，第299页。

住在这地方共计四个月，有两件事在我记忆中永远不能忘去，其一是当场集时，常常可以看到两个乡下人因仇决斗，用同一分量同一形色的刀互砍，直到一人躺下为止。我看过这种决斗两次，他们方法似乎比我那地方所有的决斗还公平。另外一件是个商会会长年纪极轻的女儿，得病死去埋葬后，当夜便被本街一个卖豆腐的年轻男子，从坟墓里挖出，背到山洞中去睡了三天，方又送回坟墓去。到后来这事为人发觉时，这打豆腐的男子，便押解过我们衙门来，随即就地正法了。临刑稍前一时，他头脑还清清楚楚，毫不糊涂，也不嚷吃嚷喝，也不乱骂，只沉默地注意到自己一只受伤的脚踝。我问他："脚被谁打伤的？"他把头摇摇，仿佛记起一件极可笑的事情，微笑了一会儿，轻轻地说："那天落雨，我送她回去，我也差点儿滚到棺材里去了。"我又问他："为什么你做这件事？"他依然微笑，向我望了一眼，好像当我是个小孩子，不会明白什么是爱的神气，不理会我，但过了一会儿，又自言自语的轻轻地说："美得很，美得很。"另一个兵士就说："疯子，要杀你了，你怕不怕？"他就说："这有什么可怕的。你怕死吗？"

那兵士被反问后有点害羞了，就大声恐吓他说："癫
狗脔的，你不怕死吗？等一会儿就要杀你这癫子的
头！"那男子于是又柔弱地笑笑，便不作声了。那
微笑好像在说："不知道谁是癫子。"我记得这个微笑，
十余年来在我印象中还异常明朗。[4]

这段经历后来被写进了短篇小说《三个男人和一个女人》。

接下来，沈从文随部队移防到怀化，在那里待了一年零四
个月。由于他是整支部队中唯一能读会写的兵士，所以被提
拔为上士司书。然而，官僚体制需要的只是形式和事后诸葛亮，
因此相比于红印章，部队似乎更喜欢直接简单的杀戮。也许是
因为长官不喜欢"办事拖拖拉拉"，司书沈从文得以目睹了对
七百人砍头的盛况。他在怀化所经历的愤怒和幻灭，都融入了
《我的教育》的写作中。在这篇文章中，沈从文有意用黑色的
笔墨记录下了红色血泊中的所见所闻。[1] 他写道：军事力量是
绝对权力。怀化的读书人证明了这一点，他们骑在百姓头上
作威作福，反过来却遭到兵士的欺压。一位乡绅任无名小卒
掌掴却毫无办法，这使沈从文开始思考读书人在军事化社会
中的角色。如果任何一个目不识丁的持枪者，都可以将百姓

---

1. 原文为 In this article, Shen was to record in ink what he had seen in gore. 聂华苓使用 in ink
与 in gore 富有深意，一黑一红，张力之间，凸显出寓意的深远。

像门垫一样踩踏，那么社会名流又有何用？这种现象越多发生，目不识丁的兵士就越成为唯一实用的职业。正义以及它含糊不清的摹本，就越被人们从法律条文中抹去；通过子弹和刀俎，军队以其对匡扶正义的更"进步"的解释，而成为唯一的威权。

正如沈从文有意在自传中所写的，这种"杀人教育"并没有什么缘由。回顾这些惨痛的经历，这位曾经的部队司书谴责人们的愚蠢。他曾经耽于尽职，曾经绝望地缄默，现在，他要以文还击。他的自传记录了无辜者被屠杀时的尖叫声，尸骨腐烂的恶臭，以及任何不人道的愚蠢行为。

怀化是一个受困中的文明的缩影。这座只有六百户的小城，最大的功能是用作集场之地。燥热、尘土飞扬的街道上到处是心怀不满的人，怀化可以被看成美国古老西部任何一个边境城镇的复本。也正是在这里，沈从文遇到了或可称之为人之天性的幸福。怀化永远荒唐的人物是一个四十岁的妓女：

> 那个烟馆门前常常坐了一个年纪四十来岁的妇人，扁扁的脸上擦了很厚一层粉，眉毛扯得细细的，故意把五倍子染绿的家机布裤子，提得高高的，露出水红色洋袜子来。见兵士同伙夫过身时，就把脸掉向里面，看也不看，表示贞静，若过身的穿着长

衣或是军官，她便很巧妙地做一个眼风，把嘴角略动，且故意娇声娇气喊叫屋中男子，为她做点儿事情。我同兵士走过身时，只看到她的背影，同营副走过时，就看到她的正面了。这点人性的姿态，我当时就很能欣赏它，注意到这些时，始终没有丑恶的感觉，只觉得这是"人"的事情。我一生活下来太熟悉这些"人"的事情了。[5]

然而，除了挑剔的妓女以外，怀化还有很多荒唐事情。只能凭刀剑来解决一切民事冲突，毫无司法弹性可言，部队只是以自己的方式来维护他们所谓的公平罢了。杀戮从来就没有停止过。彼此疏远而缺少任何形式的娱乐，兵士们除了看杀人似乎无事可做。行刑通常是在公开场所进行，定期为寂寞的兵士提供奇观，这样他们在酒肉场上就有了谈资。新兵们在桥头石栏杆处看热闹，热衷于研究刽子手使用大刀的熟练程度。为了炫耀自己的刀法[1]，刽子手常常会到各处屠夫的桌上割肉，分摊给他忠实的看客。兵士们发明了一项新的运动：猪球[2]。这是足球的野蛮版本；参赛者用猪头当足球，四处踢着玩，直到兴尽而归。

1. 按照沈从文在《我的教育》里的描述，这其实是一种自清朝就有的行规。

2. 原文为pigball，译为猪球，与足球谐音。

动物性力量的爆发，对情感细腻的沈从文助益良多，日后也成为他写作中最喜欢的主题之一。在集场上，他看到已成为常见的怀化道德风景：一群兵士和一个扛长矛的小孩子，挑了两个人头。长期浸淫于部队反常逻辑之中的沈从文，马上就知道，这人头常常就是这小孩子父亲或叔伯的。尽管如此，沈从文想，砍头至少是一个更快的死法，终归比其他更无情的处决方式要仁慈。

跟晚上驻地里缓慢而痛苦的拷打相比，白天街市上的游街示众实在不算什么。囚犯们被用方铁殴打脚踝，直到骨头被打碎，二十下就可以把一只脚的骨髓敲出来；又用香火熏鼻子；用铁棍把脚扳断；用香火烧胸胁。日复一日，周复一周，月复一月，作为民事记录员的沈从文，不得不坐在一旁录供，成为一个永久的见证者。记下怀化的秘密地狱中，被拷打的每一个囚犯的每一个字句、每一声喘息，正是沈从文的职责。

第三章

屠夫、印刷工头、轻便手杖制造者 *

沈从文傲慢地对持续不断的求婚置之不理，尽管他的家人都认为那是解决他生计的"更理想的方法"，但他被一个女孩迷住了，到后来才知道，与其说那是恋爱，还不如说是单相思。

为了缓和与日俱增的可怕形势，司书沈从文常常伏在一个阁楼的窗边练习书法。这位内省而又有点羞怯的湖南青年，连受过教育的人都很少接触到，更别提结交什么文人墨客了。如果说沈从文有什么社交活动的话，那也仅限于在军营里骑骑马或抽空到田野里散散步。即使他想跟兵士或当地人交好，也找不到什么同伴。无论是在部队还是跟地方百姓，关系都那么脆弱不堪，如同幻影。

　　令人高兴的是，有一个被派驻怀化的人可以与沈从文做伴。这个人就是司令部的新秘书官。此前生命中大部分时间都与粗野和迟钝懒散者相处的沈从文，最开始对秘书官态度十分冷淡。秘书官将沈从文的这一表现解读为他的羞怯，仍然以彬彬有礼的态度对待他，终于渐渐地解除了他的戒备之心。沈从文最终被他折服。

秘书官平淡的外表背后，栖居着一位诗人。他声情并茂地描述了火车和轮船的汽笛声以及电话的神奇，英国军服和美国军服的离奇古怪，鱼雷艇的雄伟。当然，他也听到了沈从文讲述的许多经历和见闻。他问秘书官，是否知道虎吼和狼嗥之间的区别，是否知道需要一位经验丰富的猎人来区分野猪和山羊的足迹？不出所料，沈从文的生活经历是丰富多彩的：一个被杀的头如何沉重，刽子手要如何在腹部斜肋下刀，才能取人胆囊。这位秘书官还给司书沈从文介绍了《辞源》，以及一家名为《申报》的报纸。《辞源》丰富了沈从文的词汇；他们共同订阅的报纸，也使沈从文开始关注国家大事。

然而，不断发生的紧急事件，不再允许沈从文花费太多的时间在书本学习上。怀化的守卫部队因军力不济，无法抵抗进犯他们势力范围的敌对势力。部队指挥官意识到战术上的风险，就命令兵士撤离，并将他们赶回辰州。在那里，部队以"援川"的名义移防。因为年龄太小不能随行，沈从文便被留在了辰州留守部队，做誊写报告的差事。这项工作似乎无甚意义，村里的生活也很无聊。工作的单调乏味慢慢冲淡了军事训练带给他的影响。他想念怀化和《辞源》，想念他的报纸。为了使自己一直有事可做，他发奋练习书法，直到眼睛疲累、手指酸痛。

他就这样散漫地度过了一年。后来，从四川传来消息说，他们的部队遇到了重重抵抗，正撤回湖南。稍后的电报证实了辰州留守部队的担心：总司令部被袭击，营地被占领，从指挥官到秘书官的每一名兵士都在战斗中被残杀。一段时间以来，部队一直是沈从文的庇护所，为他提供了阅读《辞源》和订阅都市日报的机会。现在，就连这小小的奢侈也一去不复返了。

1920 年 8 月，沈从文被部队遣散，回到湖南[1]，除了遣散费之外别无他物。他在家中无事可做，又无法再入部队。经过三个月的踌躇不定，沈从文再也待不住了，冒着大雪徒步前往沅州，暂住在当警察所长的舅父家中。于是，退伍军人沈从文，成了警察所的办事员。他的职务只是抄写违警处罚的条子。他办公室的旁边就是典狱署。每天晚上，沈从文都能听见犯人的喊叫声，就好像邪恶之神在为他重放怀化的声音。

当警察署接受了从沅州屠户那里征收屠宰税的任务后，沈从文随之就多了份助理收税员的职务。沈从文并未因此逃脱窘境，他的工作是一个屠案接一个屠案地评估肉的价值。尽管薪水没有增加，但这项工作使他从潮湿阴暗的监狱中解脱了出来，能够享受商业世界较为有趣的生活。在驻区和监狱的另一边，有新鲜的活水，大自然的青青绿叶，这一切都不是刀剑所铸，也不为鲜血所染。担任警察所长的舅父，每天都在家中作诗，他的许多亲戚也是如此。在怀化，书法曾是沈从文的诗歌；

---

1. 此时沈从文所在的辰州亦属湖南，此处指沈从文回到凤凰家中。

在沅州，他发现了真正的诗歌：开始阅读能找到的所有诗歌。更重要的是，他读到了狄更斯的翻译作品。

沈从文改变了。他在十七岁时变得有文化，并获得了可观的薪水。从乡绅那里，他学会了如何写楷体字和读古典诗歌。他收到并拒绝了有身份的长辈为女儿寻找夫婿的求婚。当沈从文的母亲和姊妹，了解到这个年轻人的新生活时，就卖掉家里的老屋，立刻搬到了沅州。

不幸的是，这种新出现的社会个性，并没有完全压制住幼稚天真的沈从文的冲劲，他对人心的运作仍旧一无所知，或者说几乎一无所知。沈从文傲慢地对持续不断的求婚置之不理，尽管他的家人都认为那是解决他生计的"更理想的方法"，但他被一个女孩迷住了，到后来才知道，与其说那是恋爱，还不如说是单相思。

沉浸在年轻人爱情的炙热和疯狂中，沈从文没日没夜地为他的恋人写情诗，并由女孩的弟弟转交给她。像是为了烘托这种热情，在令人倦怠的四月，小城起了战事，土匪在山间肆虐。但在被浪漫之情紧紧包围的沈从文眼里，除了情诗之外，再无他物。借着接近沈从文的机会，这个前来取诗的弟弟有了讨好沈从文的机会，他开始向犯了相思病的诗人借钱。第二天，他会归还一部分，但不全还。这种奇怪的事情持续了一段时间，直到一天早上，这位弟弟再也没来取新写好的情诗——此时银行告知沈从文，他所有的钱都没了。来自前线战事的打击，人间地狱般的打击，这些都是人类残酷性的显在证明，它们与其说是产生于人心的算计，还不如说更多来自于动物性的冲动；但欺诈、蒙骗则是另一种残忍，也许更为残暴，因为它的代价不是用血来计算，而是用信任和脸面的失去来衡量。身无分文、脸面尽失的沈从文体会到了深深的羞辱感，他意识到，在某种意义上，自己也是被处决的。

除了辞职别无选择，他离开了母亲、姊妹和几位热切想认他做女婿的乡绅，辗转到了常德。他的旧部队驻防在上游九十里的桃源县。由于军中一些高级官佐都来自湖南[1]，同乡们便推荐沈从文去做事。虽然最终未能获得职位，但他尽可以时不时去桃源玩，那里有他的表弟。从桃源回来后，他给母亲写了封长长的自责信。从母亲的回复中，他得知自己以前爱上的那个女孩，被土匪绑架做了压寨夫人，后又被赎回。获释后，她又与一名黔军团长结了婚，不久这个团长又被狙击手射杀。丧偶后，她一心想着赎罪，就去天主堂做了洋尼姑。

沈从文住在常德一家小客栈，家里的消息使他感到沮丧。即使他的文化追求、书法和诗歌，也很少能宽慰他。尽管连续四个月每天只以三毛六分钱来维持生活，沈从文还是欠了太多账。就在他背上一身债时，一艘押运军服的帆船，准备从常

1. 指湘西。

德上行，而船上的押运员正是他哥哥的一个老朋友。为了解决沈从文的欠账，一位做小学教员的亲戚去和客栈掌柜交涉，债务被暂时取消了。沈从文便登上了帆船。

事实证明，这是一次非常有益的旅程。这位二十五岁的押运员是一个勇敢、爽直的人，按照他自己的讲述，他已经赏玩了大约四十个女人。他用风趣、幽默的言语，掺杂着骂人的粗话，生动地描述了过往的经历。在他的复述下，他所追求和赢得的女性，均散发出异于常人的光彩。丰富的俗语与双关语后来被运用在沈从文的小说中，尤其是描写女性身体时。他在书法练习中学会了写独特的字体；通过《辞源》掌握了丰富的语言；在这艘帆船上，他发现了俗语；他还因此发现了又一个文学角色。综合后的押运员的形象，后来出现在《湘行散记》的一个章节中。[1]

到了保靖后，沈从文住在做司书的另一个表弟那里。无事可做的沈从文为了不饿肚子，一到吃饭时就跑到各位老同学老同事那里蹭吃蹭喝，不论什么，吃完不多说话就离开。保靖和他去过的许多小城没什么不同，经济发展缓慢，人们生活平淡而清贫。尽管如此，小城的人们却充满乐观，并且幸运的是，当地的驻军似乎更关注地方的发展和福祉，而不是审讯和杀人。因为当地指挥官是一位十分注重原则且尽职尽责的人，所

---

1. 即《湘行散记》的第一篇《一个戴水獭皮帽子的朋友》。

以部队十分勤勉、纪律严明。沈从文也将这些优点铭记在心，为了找工作，他借来鞋子、腰带和外套，穿上了最好的制服，拜访各位官员，与他们进行面谈。在面谈期间，他经常到他表弟的办公室，熟识了那里的职员和他们的工作，不论何时何地，在他们忙不过来时都会帮上一手。这种坚持不懈终于得到了回报。一天，一位高级参谋看到他在为办公室写信，就询问了他的情况。另一位司书替他说了句公道话，告诉参谋，沈从文在过去六个月里给他们帮了很多忙。这个现场的评价很重要。沈从文得到了一份月薪为四块钱的工作。由于他字写得好，于是成了一名出色的司书。但他并不满足现状，力求更进一步。他攒下薪水，购买了各种最新版的字帖，潜心研究古人书法艺术的精华："各种生活营养到我这个魂灵，使它触着任何一方面时皆若有一闪光焰。"[1]

几个月的时间里，沈从文俯首案头，关注、斟酌、润饰他的书法。后来沈从文升调到参谋处，办公处临近的小山有许多小坟。每次上山，沈从文总要带上一根大木棒。成群的野狗和小狼等食腐动物徘徊在新坟周围，尤其是婴儿尸首，很容易被它们撕裂和吞食。每到雨夜晦暗之时，就可听到山里远远近近的狼嗥和风的悲号，似乎在回应、抗议着无处不在的孤寂。

沈从文认为，白日的宁静是一种转瞬即逝的幻觉，之后总归是漫漫长夜。他开始苦苦思考生命的形而上学之谜。他知道，应死的倒下，腐了烂了，让他完事。可以活的，就照分上派定的忧乐活下去。

在保靖停留十个月之后，参谋处移防四川。转移的人们像难民一样填满了大道小路，睡在长凳、桌子和干草堆上。包括沈从文在内的一个分队，深入四川，驻扎在一个叫龙潭的地方。龙潭军营的兵士，除了分发通告、处死犯人外无事可做。然而，部队的驻任期与天气一样难以预测，沈从文很快就被召回湖南，给一位在保靖声誉极佳的统领官做书记员。

从外表看，山上简陋的指挥部大楼与沈从文工作过的无数其他地方几无差别，区别在于这里的会议室俨然是一个微型博物馆。工作时间以外，沈从文成为这个房间的专家和管理人。他入迷地研究着这些艺术品：百来轴古老的卷轴画，几十件铜器和古瓷。更有意思的是，在会议室的藏书中，沈从文发现了可以追溯到中国各个朝代的线装书。每天晚上，他都会翻阅那五个橱柜里的历史典籍。对于这个时期和这段经历，作为诗人的沈从文写道："我从这方面对于这个民族在一段长长的年份中，用一片颜色，一把线，一块青铜或一堆泥土，以及一组文字，加上自己生命做成的种种艺术，皆得了一个初步普遍的认识。"[2]

沈从文依旧渴望着一种持久性的智性关系。当他的一位姨夫被统领官接待，住在河对面的狮子洞时，这种渴念得到了部分实现。姨夫身形干瘪却机智风趣¹，沈从文常常过河去听他谈宋元哲学，谈因明^[3]和大乘^[4]，谈进化论。对年轻学者来说，这一切虽非轻快的促膝谈心，但与渊博老者的长谈却十分有意义。每次所谈不仅使沈从文的幻想更宽阔，寂寞也随之更大："我总仿佛不知道应怎么办就更适当一点儿。我总觉得有一个目的，一件事业，让我去做，这事情是合于我的个性，且合于我的生活的。但我不明白这是什么事业，又不知用什么方法即可得来。"^[5]

由于经常去狮子洞拜访他的姨夫，沈从文变得越来越内向，疏远了许多熟人。他越发古怪，越发不爱与人交往，然而仍与四位朋友保持着联系。曾读过《曾文正公^[6]全集》的满振先，一心只想做职业军人；田杰，他小时候技术班的同学；陆弢，小学同学以及现在的参谋处同事；郑子参，沈从文孩童时代的朋友，一个回教徒。为了纪念郑子参和陆弢，沈从文后来写了两个故事：《黑夜》和《记陆弢》。沈从文写道，不仅对于他的四位朋友，而且对所有年轻人来说都是如此："我们总以为这目前一分生活不是我们的生活。目前太平凡，太平安。我们要冒点儿险去做一件事。不管所做的是一件如何小事，

<small>1. 原文为 Witty and wizened，直译为风趣且干瘪，沈从文原文为"为人知识极博，而且非常有趣味"，并未对他姨夫的外貌作描述。聂华苓的这一表述除了借押韵增添艺术表现力之外，意在表达一种张力，即身形的干瘪与知识的渊博形成对照，干瘪在汉语语境中亦可用于形容文辞、内容的乏味、枯燥，恰与 witty 的风趣、诙谐义项形成反差。故此译。</small>

当我们未明白以前，总得让我们去挑选，不管到头来如何不幸，我们总不埋怨这命运。"[7]

然而，命运不总是仁慈的。满振先在1929年内战中被枪杀；毕业于黄埔军校的郑子参，在另一场内战中消失了；田杰成了部队连长；陆弢淹毙在当地的大河里。

与此同时，富有进取精神的统领官，正在推动另一场运动。本军又多了一个税收局卡，给养也充足了些。共同体精神从未如此高涨，当地官僚们用当时最受欢迎的口号召集公众，如"兵工筑路垦荒""办学校""兴实业"等。接下来，统领官提议出版一本定期刊物，为此购买了一台巨大的印报机。沈从文兼任校对和主要负责人。他调进报馆后，一心扑在工作上，同一个印刷工头住在一间房子里。这个工头来自湖南长沙，十分关心被称为五四运动的文学革命，对沈从文有着相当大的影响。他也是一名文学青年，由于比沈从文大一些，可以分享很多宝贵的经验给他。他谈到湘西新发生的大事，对公众和沈从文来讲的新诗人，以及散文创作中深刻思想的作用。工头将郭沫若编辑的《创造周报》推到沈从文面前，沈从文便开始认真阅读。在工头的影响下，沈从文对期刊有了强烈的爱好。通过阅读其他许多报纸和杂志，沈从文知道了文言文和白话文的区别。更重要的是，工头强调文章要有思想。但具有讽刺意味的是，多年后，沈从文因被批评家胡乱指责为"没有思想的作家", 而陷入了被动防守的处境。"当时我不明白什么是思想, 觉得十分忸怩," 沈从文后来写道, "若猜得着十年后我写了些文章, 被一些连看我文章上所说的话语意思也不懂的批评家, 胡乱来批评我文章'没有思想'时, 我即不懂'思想'是什么意思, 当时似乎也就不必怎样惭愧了。"[8]

虽然数量不多, 但工头的藏书对沈从文来说, 已不啻于一座图书馆。最初, 他带着反感的情绪去阅读这些批判性论著。他想知道为什么人们, 尤其是著名作家, 总是热衷给人类的行为找寻错误。对他而言, 批评家的解决方案似乎与他们所攻击的价值一样主观。但是这些新期刊, 如《新潮》和《改造》, 最终改变了沈从文这一反批评者。在后来的作品中, 他也加入了社会批判者的行列。

部队指挥部的工作量变得越来越多, 沈从文最终只能辞去报馆的工作, 回到部队去做书记员。没过多久, 一场高烧让他卧床四十天, 他的康复期被陆弢的死讯毁掉了。身体结实而毫无顾忌的陆弢, 和朋友打赌他可以泅过一里宽的河, 结果却被淹死了。四天后, 陆弢的尸体找到了。刚下病床的沈从文依旧虚弱, 对他的朋友尽了最后的哀思。朋友的去世激活了沈从文"人必有一死"的意识。自从进入部队以来, 大规模屠杀的场面就一直紧随着他; 但一位朋友的离世成为萦绕心头的象征符号, 如同大规模的处决扰人心智, 让人无法忘记。人生再次失去方向，沈从文决定继续向远方前行，或许他可以走向一个决定自己命运的新世界。他决定去北京，打算进大学读书。

那是 1922 年的冬天，五四运动刚刚平息下来。做过校对员和书记员的沈从文当时二十岁。

第四章
政治动荡

激进主义的学生也与教师、工人和商人联合起来，发动人民的力量，鼓励大众摆脱习俗的束缚，表达对现状的不满。无论当局看起来多么高高在上，五四运动都证明了群众的愤慨不容忽视。

在鸦片战争（英中战争）前一年的 1842 年 [1]，中国开始经历一系列的变化。19 世纪下半叶，维新和革命的呼声几乎每十年就会出现一次。对于这些呼声，1880 年至 1890 年间曾任日本使馆参赞，新加坡、旧金山总领事，同时也是清朝最后一位诗人的黄遵宪（1848—1905），做出了这样的预测："中国必变从西法，三十年后，必会实现。"[1] 1860 年，由英法远征军组成的英法联军逼近北京城，一把火烧掉了圆明园（皇室的夏宫），也烧掉了旧的闭关锁国政策。位高权重的士大夫们猛然惊醒，为了把他们的国家从西方帝国主义的侵略中拯救出来，他们的人民必须在文化和军事上西方化。1861 年，总理衙门（外交部）在北京成立；它的明确目的是为了表明清朝有足够的灵活性来处理国际关系的微妙事务。同年，又成立了同文

1.这里的年份有误，第一次鸦片战争结束于 1842 年。

馆这样的外语机构；政治思想和西方科技方面的书籍得到大规模翻译。曾国藩、左宗棠和李鸿章发起了一场建造造船厂和军事学校的运动。1872年至1876年间，许多学生被派往国外接受西方文化的洗礼。学成回国后，这批学者中的很多人都参与并推行了各种改革。

1895年，日本在甲午战争中的获胜，激发了康有为在1898年倡导的政治变革运动——戊戌变法。从1898年7月到同年9月，变法在持续了仅仅一百天之后就宣告失败，戊戌六君子被砍头，这场理想主义运动鼓舞了当时推动辛亥革命的众多知识分子。辛亥革命将1900年义和团运动后清帝国动荡不安的局面推向了高潮，周策纵在《五四运动史》一书中做出了如下批判性总结：

> 共和政府虽然试行了中国史无前例的政党政治，而实际上则完全被军阀操纵。1914年，军阀总统袁世凯解散国会，废除宪法。1915年和1917年相继发生了没有成功的帝制运动和复辟运动。袁世凯取消共和政体，自1916年元旦起，到3月23日止，改称"洪宪"帝制，前后共83天。安徽省督军张勋拥立清朝的末代皇帝溥仪复辟，由于他的辫子兵在北京被驱散了，只支持了12天之久（1917年7月1日至12日）。

自此以后，全国各地的实权都落在互相对抗的督军手里，而中央政府的大权则落在袁世凯的旧部段祺瑞手里。段氏就是受日本经济支援的军阀官僚政治集团——安福系——的领导人。为了反对这样的北京政权，1917 年 9 月 1 日孙中山在广州组织军政府。从此以后，发生了一系列胜负不定的南北内战，举国为之骚动。[2]

据统计，1915 年至 1922 年期间，军阀发动的主要内战不下十次。为了满足私欲，一些军阀勾结外国政府，倒卖属于中国人民的自然资源。少数学生向西方寻求救国救民的知识武器，当地劣绅却趁机掠夺土地。夹在中间的平民百姓，手中握有的除了梦想和诺言，别无他物：

> ……为战火买单的是中国农民。连年的战争和杀戮后，随之而来的饥饿成了人们的日常生存不变的底色。他们的儿子被夺走去参加战斗，而他们的大部分收成都化作苛捐杂税。生活的颠沛流离使人们疲惫不堪、精神萎靡。人们的避难所是一种沉默而充满激情的民族主义。……就这样难以理解地，变化莫测的政治变数产生了这样或那样的临时政府。[3]

第一次世界大战的爆发，使得各种海外势力忙于本国事务，而无暇顾及中国。中国有机会独立解决自身的问题，尤其是千疮百孔的农业经济。中国由此进入了漫长的重新考虑和实验的萧条期。随着一战的结束，国外的注意力再次集中到中国，中国的知识分子因而有必要再次探索出一种使民众团结起来的文化理想。

北京大学校长蔡元培的身边聚集了新旧两派最有影响力的学者。学术派别由此形成，由新派学者创办的杂志《新青年》以"将西方意识形态移植到中国的思想中，从而创造出一种新的白话文学"为目标，支持"对政治中的集中主义与联邦主义或科学与生活之间的真正关系等问题进行激烈的辩论"。[1]

《新青年》第一期刊发了主编陈独秀的发刊词《敬告青年》，强烈批判中国社会的陈腐朽败：

> 予所欲涕泣陈词者，惟属望于新鲜活泼之青年，有以自觉而奋斗耳！自觉者何？自觉其新鲜活泼之价值与责任，而自视不可卑也。奋斗者何？奋其智能，力排陈腐朽败者以去，视之若仇敌，若洪水猛兽，而不可与为邻，而不为其菌毒所传染也。[4]

---

1. 原文没有给出出处。

对于陈独秀来说，青春不仅意味着"华其发，泽其容，直其腰，广其膈"，而且是一种充满活力和探索的心态。为了帮助青年摆脱陈腐朽败的魔掌，他提出了六条标准：

一、自由的而非奴隶的；

二、进步的而非保守的；

三、进取的而非退隐的；

四、世界的而非锁国的；

五、实利的而非虚文的；

六、科学的而非想象的。[5]

最需要革新的，无疑是作为中国正统而保守标志的儒家思想。《新青年》通过《孔子评议》《宪法与孔教》《孔子之道与现代生活》等文章，毫不留情地、系统地、条分缕析地阐述了儒家思想对其信奉者的致弱效用。以下是当时针对儒家思想的三点反对意见：

1. 儒家思想是封建社会的产物，以家庭和家族为本位，而不是个人；

2. 儒家思想宣扬非竞争精神，因此不适合现代的竞争社会；

3. 儒家思想是非宗教性的，因此不应该成为康有为所提议的国教。[6]

这种对儒家思想的敌意，激怒了传统学者，他们以中国"国粹"的守护者自居。反过来指控《新青年》"破坏旧伦理（忠、孝、节）、破坏旧艺术（中国戏）、破坏旧政治（特权人治）"[7]。陈独秀非但没有否认指控，反而回应说，之所以犯下这些罪状，恰恰是因提倡科学和民主之故。为了进一步说明他的观点，并同时反击批评者，他说道："我们现在认定，只有这两位先生（赛先生和德先生），可以救治中国政治上道德上学术上思想上一切的黑暗。"[8]

然而，《新青年》不只是从正面抨击旧制度。作为知识积累的一部分，《新青年》出版了易卜生、达尔文、斯宾塞、屠格涅夫、陀思妥耶夫斯基、亚当·斯密、叔本华、J.S. 密尔、赫胥黎、尼采和卢梭等人作品的译本和介绍。1917 年，胡适从美国返回北京。在哥伦比亚大学哲学系读书时，他就经常参与各种有关汉语和中国文学改革可能性的讨论。回国后，他在《新青年》上发表了《文学改良刍议》，主张将汉语写作从旧形式和陈词滥调中解放出来，恢复文学的白话传统。胡适在题为《建设的文学革命论》的另一篇文章中，详细地阐述了这些观点。他认为要进行一场强有力的文学革命，中国作家必须在民族传统范围内，运用国语创造出一派活的文学。这一理论上的攻击，对很多传统作家、批评家都造成了冲击，甚至对胡适在美国的留学生同学来讲，也显得激进。为了支持胡适，陈独秀写道：

> 政治界虽经三次革命，而黑暗未尝稍减。其原因之小部分，则为三次革命，皆虎头蛇尾，未能充分以鲜血洗净旧污；其大部分，则为盘踞吾人精神界根深蒂固之伦理道德文学艺术诸端，莫不黑幕层张，垢污深积。并此虎头蛇尾之革命未有焉。此单独政治革命所以于吾之社会，不生若何变化，不收若何效果也。[9]

这立即激起了保守派学者的反对，尽管由此引发的更多的是一种歇斯底里的意气之争，而非理智集中的讨论。北京大学的一派学者认为，古文永远具有正当性，因为它所传播的是道，是"生之元气"。[1] 根据这一观点，说教比"现实主义"更可取，文言文比白话文更灵活。文白之争持续两年后的1918年，

---

1. 此处指新旧之争中旧派所秉持的文以载道观，故将原文中的Taoism译为道，将原文中的Law of Life译为林纾《论古文之不宜废》一文中所使用的生之元气。

《新青年》及其"激进分子"开始专门出版白话文书刊。一年后，超过四百种新杂志采用了白话文。1920 年 1 月 12 日，教育部颁布了一项命令，规定白话为官方语言。

当文学活跃分子正在热烈讨论汉字的解放时，这个国家成问题的外交关系还远未解决。西方诸国因欧洲战争而转移注意力，他们在中国的利益旁落日本。日本迫使段祺瑞政府在 1915 年签署协议，除其他条款外，还要求控制中国东北、内蒙古、山东和长江流域。接受这些要求就意味着接受日本对这些地区进行殖民统治，以及对中国整个国家经济和行政进行操控。1915 年 5 月 7 日，经过四个月的谈判，日本向中国发出最后通牒。袁世凯签署了一项协议，接受日本提出的所有要求，除了最后一项：控制中国的政府、财政、警察和国防，以及建设连接湖北、江西和广东的重要铁路干线。

尽管日本要求保密，但段祺瑞政府通过新闻界公布了该协议的具体条款，这种针对日本的抗议行为激起了民族主义和反对军阀的情绪。然而，最重要的一击是在 1919 年 4 月 30 日，伍德罗·威尔逊、劳合·乔治和克里孟梭组成了四人会议[1]，秘密同意将所有德国在山东的利益转给日本，如此嘲弄了出席巴黎和会的中国代表。这引发了 1919 年的五四运动，这

---

1. 四人会议中的四人指美国总统威尔逊、英国首相劳合·乔治、法国总理克里孟梭和意大利首相奥兰多。后因意大利在大战中作用不大，被冷落一边，所以实际上又变为三人会议，他们三人就是巴黎和会的三巨头。

是一个愤怒和抗议的日子，成千上万的学生在北京的街道上游行示威，表达他们的不满与改革诉求。狂热的示威游行迫使政府让步；身居要职的官员或辞职或被立即解雇；最重要的是，6月28日，中国拒绝与德国签署和平条约。五四运动不仅强烈反抗了西方列强，使中国"国际化"，而且还从内部复活了这个国家的知识分子氛围。在全国范围的集会和游行之前，中国的复兴只不过是各类知识分子的理想化观念，其不公开的知识成果要么不为大众所知，要么不被大众所接受。随着学生们的示威游行，冬眠期也走到了尽头。如今，《新青年》和《文艺复兴》[1]等杂志加入了《新潮》引领的文学革命，中国国内一时间涌现出了四百多种具有共同追求目标的刊物。激进主义的学生也与教师、工人和商人联合起来，发动人民的力量，鼓励大众摆脱习俗的束缚，表达对现状的不满。无论当局看起来多么高高在上，五四运动都证明了群众的愤慨不容忽视。此外，在目睹了中国民族自决的广泛和强烈程度后，国外势力再也不能不把中国当回事了。

无论这一胜利最初如何甜蜜，最终还是留下了痛苦的回味。许多成功的革命最终都免不了自我满足，五四运动也是如此。在确定了文学革命的目标之后，一些领导人如今想要偏离

---

1. 原文为 *The Renaissance*，应译为《文艺复兴》。事实上，《文艺复兴》是1946年到1949年在上海出版的文学刊物，由郑振铎、李健吾主编。根据上下文，此处原文显然有误，可能与《新潮》杂志混淆了，因为《新潮》最初的英文名即为 *The Renaissance*。

主题，导致了内部分歧。1919年6月11日，陈独秀在散发传单时被当局逮捕。获释后不久，他试图改变《新青年》，将其改版为宣扬政治理念的喉舌。尽管编委会在文学陷入僵局时，曾毫无保留地支持他，但如今却否决了陈独秀的这一项提议。是年年底，陈独秀在上海独力创办新青年社，编辑《新青年》。后来陈独秀转向左翼，参与创建了中国共产党。《新青年》遭受了意识形态激烈转变的后果：杂志遭到邮局没收，也收不到任何捐款。在广东，陈独秀写信给胡适寻求建议。昔日文学革命中的战友，今日却因意识形态的分歧而疏离。陈独秀搬到了广州，创办了《新青年》季刊，它的第一期是关于国际共产主义的专号。通过几次改版，《新青年》公开亮明了其共产主义原则。1922年5月，胡适在北京出版自由主义刊物《努力周刊》，知识分子间的裂隙进一步扩大了。文学争议和语言问题，已然完全成为更大的政治问题的一部分。

第五章

北京的学徒生涯

他的学习使他认为在任何社会重造展开之前，当代的文学必须先加以重造。他深信，由于过分迷恋和滥用权力，一个民族的感受力萎缩了。个人若承认这种由军阀、杀戮和鸦片吸食所构成的现实，就意味着接受了整个功利主义的道德观。

1922 年的冬天，沈从文怀揣二十七块钱来到北京，落脚在西河沿一家小客店。沈从文一生的密友丁玲[1]，这样描述北京："北京这个古都是一个学习的城，文化的城。"¹ 在这里，可以买到或借到一份《晨报》副刊来阅读知名作家的最新作品。公寓里住的大学生们，热衷于歌德、海涅、拜伦、济慈和鲁迅的文学作品，也常常谈起莫泊桑、契诃夫、易卜生、莎士比亚、高尔基和托尔斯泰。他们爱上旧书摊，上小酒馆，游览名胜，爱互相过从，寻找朋友，谈论天下古今，尤其爱提笔写诗、写文，四处投稿。这里没有来自政治权力的约束，是最好的过巴黎式波希米亚人生活的地方。

　　然而，沈从文知道，整个中国的情况并非都如大学生闲谈

1. 原文未注明出处，见丁玲：《一个真实人的一生——记胡也频》，《人民文学》1950 年第12 期。

一样轻松舒适。一位亲戚不明白他在北平所做的事情，沈从文回答说他是为了追求理想，也是在学习。什么理想？这位亲戚想知道。读的是什么书？一位大学教授的薪水，每月只有三十六块钱，还是打躬作揖联合罢教软硬并用争来的。书呆子？大小书呆子不是读死书，就是读书死。亲戚认为教育行业中的他们，并不比部队中的兵士更有出息。沈从文回想起成千上万被屠杀的无辜平民，再次感到连接着压迫者和被压迫者的愚昧纽带。他既不会宽恕凶手的残忍无情，也不会原谅受害者的愚蠢顺从。看到村民们被压迫、被哄骗、被折磨，而他却听到他们所有人都在说："你杀了我肉体，我就腐烂你灵魂。"[1]

于是，沈从文开始阅读《新青年》《新潮》和《改造》等刊物。他的学习使他认为在任何社会重造展开之前，当代的文学必须先加以重造。他深信，由于过分迷恋和滥用权力，一个民族的感受力萎缩了。个人若承认这种由军阀、杀戮和鸦片吸食所构成的现实，就意味着接受了整个功利主义的道德观。他说，这就是他选择离开部队的部分理由。

听了沈从文的议论后，原本满腹狐疑的亲戚大受感动。这是一个已经不那么年轻的人，尚待去掌握新的标点符号，准

---

1. 原文未注明出处，见沈从文：《从现实学习》，《沈从文全集》第13卷，太原：北岳文艺出版社，2002年，第374页。

备去迎接新秩序构成的多头龙 ¹ 的挑战。怀着不切实际的幻想和几乎难以置信的对自己的信仰，沈从文做好了准备，准备去唤醒北京的良心。

就北京而言，穿梭于迷宫般的胡同中的沈从文，不过是又一个模糊的人影罢了。他没钱生炉子过冬，经常两三天吃不到东西。他写给报章杂志的稿子，刚一投出去就又被退了回来。绝望中的他，有一次还曾参加过一个半心半意的、寒碜的募兵游行。沈从文和其他面黄肌瘦的"志愿者"一起，摇晃着脏兮兮的白布旗，在天桥附近转了几转，心中浮起了一派悲愤和挫败之感。就要填写募兵志愿书时——填完表就可以领到相当于乞丐口粮的饭费——沈从文却愤怒、厌恶地离开了。他重又回到庆华公寓没生炉火的"窄而霉小斋"。

沈从文夜里为《晨报》写文章，每篇可以赚五毛钱 ²。虽然收入微薄，但却可以维持生计，最艰难的时期终于熬过去了。沈从文以笔名休芸芸开始在《晨报》上定期发表文章。每月收入（通常是四元到十二元）仍不是很多，但可以满足最

---

1. multiheaded dragon，多头龙，典出《拉封丹寓言》。

2. 此处所用的 cent（美分）和本段下文所用的 dollar（美元），均为美国币制，考虑到不同地区、不同时代币制转换的困难，聂华苓未作转换，直接使用美国当地币制指示沈从文时代的币制。五毛钱一说实为"五毛钱书券"，系沈从文发表在《晨报》北京栏的第一篇文章所得的报酬，见沈从文：《记胡也频》，《沈从文全集》第 13 卷，太原：北岳文艺出版社，2002 年，第 5 页；四元到十二元一说，见沈从文：《记胡也频》，《沈从文全集》第 13 卷，太原：北岳文艺出版社，2002 年，第 9 页。

基本的生活需求。

　　渐渐地，报章作家沈从文在北京的知识分子中有了名气。紧接着，他结识了《京报》文学副刊《民众文艺》的编辑胡也频[2]。胡也频比沈从文年龄略长一些，似乎命中注定要成为上海"白色恐怖统治"[3]下的五位烈士之一。他曾在福建的海军预备学校[1]就读，后来学校因经费困难而解散，从而流落到了北京。沈从文在《民众文艺》上刊登的作品令人印象深刻，以至于连编辑胡也频也登门拜访。在沈从文的窄而霉小斋中，这位被遣散的海军学生和退伍陆军上士相谈甚欢。一个寒冷的清晨，胡也频带来了一位年轻女子，简单介绍说自己姓丁。她圆脸长眉，穿了一件灰布衣服，系着一条短短的青色绸类裙子。起初，她站在房门外一动不动，然后坐进来，只是望着沈从文发笑。沈从文后来才知道，丁玲的真名叫蒋冰之，出生在湘西，离自己的故乡并不很远。那时他还不知道，五年后这位不起眼的访客将成为中国最入时的女作家。此后十年间，沈从文一直都是胡也频和丁玲的挚友。不幸的是，这种关系并没有经受智性不满的考验：胡也频和丁玲越来越多地投身于政治，而沈从文的文学兴趣却不在于此。

　　然而，丁玲1923年的境况，并不比沈从文好多少。她既

---

1. 此海军学校名为大沽海军管轮学校，并不在福建，而位于天津。聂华苓可能因胡也频是福建福州人，而误以为该校在福建。在《记胡也频》中，沈从文说该校位于山东烟台，亦有误。

没有工作，也不是大学生。她在这个城市熙熙攘攘的街道中找寻着机会和可能。她的房子阴暗脏乱，地也湿湿的，发霉作臭，床是硬木板子的。她在墙壁的裂缝里塞满了报纸，窗纸上画了许多人头。在沈从文看来也不宜居住的房间，丁玲住着却很从容，甚至是乐在其中。

四月，沈从文来到北京郊区的西山图书馆[1]工作。这一时期，他的短篇小说《棉鞋》尖锐地批判了傲慢的管事先生，《狒狒的悲哀》[2]批判了冷漠的上层人士。这两篇小说引来了图书馆管事的不满，他告诫沈从文不要再写批判社会的文章了。被惹恼的沈从文后来在《记胡也频》中做出回应，一度谴责奴役和寄生是堵塞社会肠道的主要蠕虫。[3]官方的训诫丝毫没有减少沈从文天生的批评倾向。接下来，他开始写白话诗，这种文学形式在五四运动之后变成了一种非常有影响的文学形式。

八月，沈从文与胡也频、丁玲重聚，胡、丁二人已经同居，很有夫妻的模样。这对夫妇以愉快的聊天和野心勃勃的计划，来弥补生活上的贫困。他们向沈从文描述了出版名为《红黑》

---

1. 更确切地讲，是位于北京西山的香山慈幼院图书馆。

2. 沈从文在《记胡也频》中提及的的确是《狒狒的悲哀》(实为《"狒狒"的悲哀》)，不过《"狒狒"的悲哀》为沈从文的诗作，尽管他这一时期也写小说《第二个狒狒》，但根据上下文内容，所指小说应为《用 A 字记录下的事》。

3. 沈从文原文应为："……或者以向主子阿谀为生活，或以接受奴才阿谀作供养：这两个阶级里没有安置我的地方……"见沈从文：《记胡也频》，《沈从文全集》第 13 卷，太原：北岳文艺出版社，2002 年，第 11 页。

的杂志的设想，几年后，三人都在上海时，这本杂志得以出版。然而那时，胡也频和丁玲需要条件好一点的住所。沈从文推荐给他们京西的一所公寓，他搬去西山前就住在那里。这是一次幸运的安排：公寓的主人有点文化庇护人的风范，熟识曾经住在他公寓里的众多文人。

如此一来，沈从文、胡也频和丁玲成了实际上的邻居。聚在一起谈论时，总是谈到那本计划中的杂志。根据北京的物价统计数据，如果仿照当时《语丝》周刊的大小和格式，每期印一千份，只需十二块钱，这一数目费用并不大，而考虑到自由作家向报章杂志投稿时所遭受的心理负担，这样的付出就更值得。当时并没有周刊或副刊可供新作家在上面定期发表作品。个人偏见则使这一问题更加复杂：大多数编辑公然偏爱名作家的稿子，很多作者在向他们疑虑对新作家有较高拒稿率的杂志投稿时，都会三思而后行。甘愿冒此风险的作者不难发现，稿子投出后，他们往往既等不来用稿通知，也等不来退稿信。大多数情况下，编辑因嫌麻烦，并不愿告知作者已收到了投稿。还有一个问题是，大多数作家所投的是仅有的一份稿子，由于北京编辑界令人惊奇地缺乏敬业精神，大量手稿被丢进字纸篓里，扔掉或者烧掉。沈从文在《记胡也频》里说，他差不多有三分之一或更多的初期作品，就是这样弄丢的。但是，《语丝》周刊并不是普通的杂志。当沈从文完成他的短篇小说

《福生》时，胡也频亲自将手稿交给了《语丝》的编辑周作人，即鲁迅的弟弟。当这篇小说在 1925 年 6 月登载出来时，胡也频自豪地立即拿了一份《语丝》给沈从文。

1925 年，胡也频和丁玲回到湖南。沈从文辞去了西山图书馆的工作，转去《现代评论》做发报员。胡也频从湖南寄来的诗，沈从文总转到《现代评论》或《晨报》副刊发表。通过在杂志上发表文章，沈从文慢慢地有了名气，这些杂志在国民党对首都保守的保皇派的猛烈攻击中存活了下来，但许多周刊和文学副刊都已奄奄一息，或慢慢地转移去了上海。

当胡也频和丁玲回到北京时，沈从文与他们同住一处。1926 年，北伐军[4] 向北行进，迫使很多出版商都搬到了湖北武汉，那里的生活更加安宁，也有利于贸易的发展。随着北伐军进入南京，已经远去的部队生活好像又跳到了沈从文的面前。他看到了大量的流亡、审讯和杀戮。但是,尽管有种种恐慌，沈从文和胡也频、丁玲仍然坚持留在北京。同年，北新书局出版了沈从文的第一部作品集《鸭子》，这是一本小说、散文、独幕剧和诗歌的合集。在写这些作品时，沈从文经常濒于忍饥挨饿的边缘。作为一个整体，这部合集表现出简约的风格和敏锐的洞察力，还显示了作者对湖南方言的偏好，以及对军中经历的自传式利用。语言上尽管没有如后期作品般的连续与稳定性，但仍然给其塑造的人物投下了一抹强烈的光线，这些人物皆是散文笔法下湖南农民的真实摹本。

即便是在最好的情况下，北京的生活也不过是接踵而至的幻灭。沈从文发现，所有大城市似乎都在自私地盘剥着无辜者。一个人所能做的，只是时刻警惕地看着那些闲散无事者、迷失方向者、永久受害者和万劫不复者。与丁玲所描述的文人与大学城恰好相反，沈从文在北京看到的是，一只野兽靠啃噬着漂泊无根的年轻人，来维持自己已经腐烂和正在腐烂的体制。为了他自己的根，沈从文回望湖南，回望边地民族，甚至回望相对而言愉快的部队生活。然而，正是他在北京经历的饥饿、敌意、幻灭和痛苦，为《鸭子》提供了文学的基质。

第六章

上海：1927 年

由于持有较为明确的信念，沈从文、胡也频和丁玲多多少少与同辈人孤立了开来。为了保持商业运作，同时出于民族良心和民族意识，他们必须在共产主义者的无产阶级文学或民族主义者的民族主义文学之间做出选择。

1927 年 4 月,《现代评论》编辑部南迁上海,沈从文也坐船来到上海。他在法租界善钟路的一间亭子间住下。房间布置简单,除了一桌一椅一木床外,别无他物。相形之下,沈从文这阶段创作颇丰,声名鹊起。

1927 年 9 月,沈从文的短篇小说集《蜜柑》由上海新月书店出版,这是他的第二部书。出版沈从文第一部作品集的北新书局获得了一定的成功,受此激励,上海的出版商也纷纷效仿:现代书局、春潮书局、复旦书店、水沫书店、开明书店都开始出版众多作家的作品,整个上海的印刷出版业蓬勃发展。当然,有些出版社非常短命,开业不久即倒闭;然而,也有一些茁壮成长,其中最突出的就是开明书店。沈从文、胡也频和丁玲向新出版商投寄了大量的作品,尽管他们的稿费收入微薄。尤其是沈从文,对贫困总是记忆犹新。在《不死日记》

中，他写到一个亲戚拿走了他的外套，他重又定做了一件，没料到却没钱支付工钱。裁缝来了好几次，他只好告诉裁缝将新做的外套当了来抵债。[1] 1928年8月，沈从文离开亭子间，来到西湖边上的灵隐山，住到石笋峰的一间小屋里。

与此同时，知识分子间的激烈竞争，正在酝酿着中国文坛的分裂。夹在无产阶级文学和个人主义文学之间，沈从文尽量置身于争论之外，尽管他被划归到徐志摩和胡适领导的新月社，徐、胡二人也均将沈从文看作是"他们中的一员"——这是一个文学派系林立的时代。其中，最有影响的文学社团当属文学研究会，于1921年在北京成立，主要由周作人、沈雁冰（茅盾）、郑振铎和叶绍钧等人发起。后来，茅盾到上海主编由商务印书馆主办印行的《小说月报》，实际上成了文学研究会的会刊。郑振铎负责编辑上海《时事新报》每周发行两次的文学副刊，后来渐渐成为文学研究会的双周会刊。[2]茅盾辞去《小说月报》主编后，郑振铎接替了他的位置。由于几乎所有杂志都在上海出版，文学研究会也不得不搬到那里。与排他性的宗教运动类似，文学研究会很快就在上海扎根结果，它的

---

1. 此事载于《善钟里的生活》之"八月二十七"部分，见沈从文：《不死日记》，《沈从文全集》第3卷，太原：北岳文艺出版社，2002年，第439—440页。

2. 郑振铎参与编辑的《时事新报》副刊即《学灯》，1918年3月4日创刊，每周出版一至三期，1919年改为日刊。文学研究会的会刊《文学旬刊》（1921年5月10日创刊）并非脱胎自《学灯》，尽管附在《时事新报》上发行，1925年5月10日改名为《文学周报》，脱离《时事新报》独立发行。

权力继承皆在研究会内部完成，很多读者将其作品奉为圭臬。文学研究会的文学主张在于，作品注重文学教化，提倡现实主义文学，主张文学为人生；反对怪诞派、浪漫派，抨击仍旧沉迷于"文学语言"的诗人。文学研究会最为关注的不是理想，而是吃食、问题、物质，即人生。如此狭隘的态度自然引起其他文学流派的反驳。

1921 年 7 月成立的创造社也很快站稳了脚跟，是文学研究会的反对派，主要成员有郭沫若、成仿吾和郁达夫等。1922 年，郁达夫凭一己之力编辑《创造季刊》，出了几期后便停刊了。第二年，《创造周报》第一期出版，并在冯至、闻一多、梁实秋等诗人的投稿下出版了《中华新报》的文学副刊[1]。1925 年，郁达夫与郭沫若、成仿吾发生冲突，离开了创造社。到了郭沫若参加反抗军阀的北伐战争之际，创造社更趋式微。随后不久，革命宣传者趁编辑真空期，开始出版《创造月刊》《洪水》《流沙》和《文化批判》等刊物，以宣传新的革命意识形态，最初的唯美浪漫文学已经变成了革命文学。

胡适和徐志摩领导的新月社，是与文学研究会对抗的第三个文学社团。新月社社名源自印度大诗人泰戈尔的诗集《新月集》。泰戈尔 1924 年访问中国时，徐志摩曾与之相见。1925 年，徐志摩主编北京的《晨报》副刊；一年后，新月社成立。

---

1. 即《创造日》。

创始成员有胡适、梁实秋、罗隆基、徐志摩和闻一多，其中大多数人都曾在英国或美国留学，因此又被称为英美派。已经开始在《晨报》副刊上发表作品的沈从文，由此成为胡适和徐志摩的朋友。新月社的一个主要刊物是《现代评论》，由陈西滢于1924年创办。1928年3月10日，胡适、徐志摩、梁实秋和罗隆基创办了《新月》月刊，徐志摩和罗隆基担任主要编辑。他们强调写作中"健康"和"尊严"的重要性，反对伤感、颓废、唯美、说教、政治宣传和色情描写。新月社从根本上拒绝政治介入，无论左翼的还是右翼的。一个既不要求政治合作，也不规定文学方向，只追求质量的文学社团，让沈从文有了回家之感。

1928年秋，上海《中央日报》的总编辑、《现代评论》的资深编辑彭浩徐[1]正在寻觅人手，编辑《中央日报》的文学副刊。这时，沈从文在北方照顾患病的母亲已有数月，回到上海后的他和胡也频、丁玲一起，全心投入到另一个文学副刊《红与黑》的编辑工作中，这是他们自己的事业。作为《中央日报》的副刊，三人每月可从报纸支取两百元以上的稿费。虽然政治局势看起来并不那么稳定，但他们的投入也并不是毫无所成。此后的《红黑》月刊就脱胎于《红与黑》文学副刊。或许正是面对困境时显示出的勇气和努力，使得人间书店聘

---

1. 即彭学沛，浩徐是彭学沛的字。

用沈从文、胡也频、丁玲编辑他们自己的月刊。三个人用他们借到的所有的钱建立了自己的出版社，他们搬到了法租界的一条街上。在这里，他们同时编辑《红与黑》文学副刊、《人间》月刊和他们自己的杂志《红黑》月刊。胡也频负责编辑校对、给出版社送稿、采购印刷材料，同时担任全权代理，到书店查看销售状况，进行促销活动。一旦杂志印刷完毕，沈从文和丁玲则负责邮寄和市内分发。第一期《红黑》月刊于1929年初出版，出版后一周，仅在上海就卖出了一千本。全国各地的鼓励信也纷至沓来。

与此同时，创造社已经成为明显的革命文学社团，他们的新口号是"文学是阶级斗争的武器"。鲁迅以他主编的《奔流》杂志为阵地，强烈批判这种所谓的"革命文学"，指责持此观念者的幼稚。梁实秋发表在《新月》月刊上的《造谣的艺术》一文，使论战变成了三方角逐，沈从文、胡也频和丁玲三人则冷眼旁观。对于这场文学论战，沈从文写道："倾向[1]不是我们愿意提到作为阿其所私的工具。我们除了尽其所能，没有别的什么动人的背景了。刊物愿意多销一点，却也并不因为应当多销把趣味俯就。"[1]

对于他们三人，尤其是沈从文来说，文学源自生活。在

---

1. 倾向（tendency）一词之后，聂华苓以小括号形式注明了"意指商业利益"（meaning commercial interest）。

《记胡也频》中，他写道：

> 文学是用生活作为根据，凭想象生着翅膀飞到另一个世界里，一件事情，它不缺少最宽泛的自由，能容许感情到一切现象上去散步。什么人他愿意飞到过去的世界里休息，什么人他愿意飞到未来的世界里休息，还有什么人，又愿意安顿到目前的世界里：他不必为一个时代的趣味，拘束到他的行动。若觉得在"修正这个社会的一切制度"的错误，而把意识坚固，做一点积极的事情，他也仍然不缺少那个权利。他有一切的权利，却没有低头于一时兴味的义务。他可称赞处只是在他自己对于那个工作的诚实同他努力的成就。[2]

由于持有较为明确的信念，沈从文、胡也频和丁玲多多少少与同辈人孤立了开来。为了保持商业运作，同时出于民族良心和民族意识，他们必须在共产主义者的无产阶级文学或民族主义者的民族主义文学[1]之间做出选择。不难理解，书商十分欢迎这种状况的出现。时事性话题自身不仅是一种有利可图的商品，也对商业环境有利。沈从文和他的两个伙伴很

---

1. 这是一个听命于国民党的文学派别。

快发现只靠信念还不够，卖书所需要的不仅仅是良好的意愿。

《人间》月刊出了四期后被迫停刊；《红黑》月刊在出了八期后，也于1929年9月被迫停刊。沈从文对此并不感到惊讶，他已经预料到了这样的结局。他似乎读到了他的竞争对手写在非常易碎的中国文字之墙上的手写大字，他已似乎听到了商业大亨们的声音，他们在告诉他：有价值的只有钱，纸终究只是纸，除非它恰好是纸币。

此时沈从文的挫败感在《记丁玲》中有所表现：

> "说明这个社会这个民族的堕落与腐败，修正这个社会制度一切不能继续下去的错误"，把文学凝固于一定方向上，使文学成为一根杠杆，一个大雷，一阵暴风，有什么不成？文学原许可人作这种切于效率的打算。文学虽不能综合各个观点不同的作者于某一方向，但认清楚了这方向的作者，却不妨在他那点明朗信仰上坚固顽强支持下去……

> ……上海商人所支配的书业，则大半只在把一切作者，随时改成各样入时面目以引诱读者，作为赚钱牟利的张本，因此十年来的中国新文学，除掉一些不足道的新海派文人与永远皆在那里转变的投机分子外，也就正只是用着一批身在上海为商人帮闲而活着

的闲人，一批置身大学顽固迂腐的教授，各自扮着种种小丑姿式，以个人生活上的恩怨与个人情感上的爱憎为基础，展开了理论的场面，在也算是争斗寻觅中打发了十年日子。十年来成名的教授迂腐如昔，一说话时总仍然只埋怨中国还无莎士比亚或托尔斯泰。成名的闲人，则带着本身在各刊物上丑诋造谣的故事，走入老境里去，沉默了。其中凡稍稍乖巧的，则又另寻出路作其他事业去了。也有身不服老而又鲠直倔强的，带着游侠者的感情，在为弱小的事业与孤单的理想力主正义，则依然仿佛本身站在最前线上，作为人类光明的火炬，但自己在得失打算中既厌于执笔，不能写点自以为合乎理想的理想作品，也不能用什么有秩序的理论，说明所谓中国的纪念碑似的作品，是什么形式，须什么内容，在某种方法上某种希望里可以产生。只时时刻刻作着负嵎自固的神情，向近在身边受了威胁的小小一点，加以猛毒的一搏，却忘了大处远处自己所能作所应作的事情。

……

中国知道敬重英国作家的有人，爱好俄国作家的也有人，但这些人却并不需要认识本国自己的作家。读者间照例缺少作品选择的能力，必需要批评者来作主，大多数的批评，既然只是书业中人所作的广告，结果则销行最好的书同时也就成为内容最好的书。教授的文学观念，战事的文学观念，读者的趣味，莫不各在摧残中国文学的健康萌芽，使凡是有希望的作家，不为此一观念所拘束，就为另一观念所缠缚……[3]

1929 年，国民党加强整肃运动。尽管沈从文的商业失败了，但对于那些哪怕稍稍关心作家的书商，他仍旧表达了感激之情。处境再次变得令人绝望，越来越多的出版社不得不关门。对于国民党来说，似乎每种杂志都"过于激进"。《奔流》消失了，创造社的杂志歇业了，编辑们被抓了起来——就连自认"傀儡"领导的鲁迅，也受到了威胁。他独自一人，通过小说家姚蓬子主编的《萌芽》月刊[1]，提倡革命文学。大概因为杂志的名字和近乎滑稽的社论，沈从文不禁如此评论道："他们只有主义，而无作品！"[2]

然而并不滑稽的事实是，沈从文、胡也频和丁玲三人，背负了至少一千块的债务，而且他们再次失去了工作。

1.《萌芽》月刊名为鲁迅主编，实为姚蓬子主编。沈从文在《记胡也频》中曾说："……有名为鲁迅负责的《萌芽》。这刊物事实上的编者为蓬子……"见沈从文：《记胡也频》，《沈从文全集》第 13 卷，太原：北岳文艺出版社，2002 年，第 33 页。

2.沈从文原文为："那里骂人的同被骂的，都似乎只有'主义'而无'作品'的人。"见沈从文：《记胡也频》，《沈从文全集》第 13 卷，太原：北岳文艺出版社，2002 年，第 33—34 页。

第七章

随风而折 *

对成效甚微的社会变革，沈从文再次感到震惊。事实上，在武昌的生活条件并没有任何改观。浑浑噩噩的生活以及政府对民众的漠视，使得他开始寻找和确认自己的根。

*　沈从文在《水云》中写道:"不过你要注意,风不常向一定方向吹。……你虽不迷信命运,新的偶然和情感,可将形成你明天的命运,还决定后天的命运。"见沈从文:《七色魇集》,《沈从文全集》第12卷,太原:北岳文艺出版社,2002年,第95页。故将此章标题Bending with the Wind译为随风而折。

停刊破产看来是不可避免了。然而，对于多才多艺的沈从文来说，还有别的出路可供选择。在吴淞中国公学校长胡适的帮助下，曾是出版商和编辑的沈从文开始了新的职业生涯——在中国公学任中国文学讲师和驻校作家。1929年的秋天，随着季节的变化，政府当局也发生了微妙的变化，让沈从文的前合作伙伴感到不适应。这体现在胡也频思想和写作中的激进主义，如今变得如此彻底，以至于很少有出版社敢冒险出版他的作品。胡也频和丁玲被迫离开上海，到山东济南的一所高中教书。沈从文任教中国公学的同时，他们也开始以教书为生。

　　三个伙伴再一次各奔东西。不过，这次分离最终深化为思想上的分歧。最初，胡也频根据政治意识形态建构自己的文学抱负；结果，文艺通常只是被当作武器来使用。最终，胡也频推广无产阶级文学的努力很明显地以失败告终，转而加入共产党，以寻求支持。这使他和沈从文彻底决裂了。

早在 1926 年，沈从文生病的母亲和最小的妹妹就搬到北京与他团聚。为了维持家人的生活，沈从文不得不大量地写作，以此作为兼职。除此之外，他还在上海暨南大学兼职，每周在那里讲授两小时的中国小说史。尽管需要长时间的工作并担负着沉重的经济负担，但沈从文的写作已经接近成熟。散文作家温梓川[1]在1957年的《沈从文小说散文选》序言中写道：

> 记得那年夏天，学校放了暑假，我假期无事，天天躲在图书馆里，饥不择食地滥读名家小说。有一次，我在暨大门前一家书店买到沈从文的短篇小说集《老实人》，一个同学见了对我说："这个人的小说你怎好买来读，他的小说句子和语法都很不易读，你不相信，且读读看，看你读不读得下去？"为了好奇，我索性把他所有的集子都全买了来，甚至连刊载着他的作品杂志，都一一寻到买下了，预备一口气把它有系统地读完。因为我当时听了那位同学的批评，觉得毫无道理，一个编辑可能疏忽地登载了一篇文句不易读的小说，难道所有刊载他的作品的杂志编辑

1. 温梓川（1911—1986），马来西亚著名华文作家，祖籍广东惠州。1926 年考入广州中山大学文学院，1927 年转入上海暨南大学西洋文学系。曾编选《沈从文小说散文选》（1957年）在中国香港出版。

都一样疏忽么？可见这自然是那位同学的偏见了。[1]

由此可见，政治上的分歧也渗透进了暨南大学。新月社的许多作家都在暨南大学任教，[1] 沈从文是他们当中最年轻的一位。虽然没有正式选修沈从文的中国小说史，温梓川却经常去旁听：

> 老实说，无非是为了读了他的小说，想瞻仰其人的言论风采吧了。谁知一听，竟认真地听下去了。他的讲义编写得又非常精细，足与鲁迅后来出版的《中国小说史略》媲美。听了半年的课，讲义居然积成了足足一大厚册……
>
> 这位农村作家现在还在我的记忆中保留着的印象，便是他的样子是那么朴实，不肥不瘦的中等身材老是穿一件阴丹布长袍，或深蓝哔叽长衫，西装裤，黑皮鞋，提着一个大布包袱，匆匆地显得很忙碌，看起来倒有点像收账的小商人，或是出堂的理发师，他鼻梁上架着一副近视眼镜，两只大眼透露着深远的智慧和怡然自得的光芒。当他和你说话时，白白

---

1. 根据温梓川《沈从文小说散文选》的序言，因新月派作家叶公超时任暨南大学西洋文学系主任，梁实秋、罗隆基、潘光旦、卫聚贤、梁遇春、沈从文等新月社成员均得以在暨南大学任教。

的面孔上，不时地泛出安详的微笑。那时他大约是
二十八九岁的样子。[2]

然而，并不是每个人都像温梓川一样，对沈从文印象深刻。
虽然许多学生也认为沈从文讲课生动有趣，但有些人却对他
表现出嫉妒和怀疑。1950 年 11 月，丁玲发表了《一个真实人
的一生》。在某种程度上讲，这是一位革命者的生平编年，它
追溯了沈从文与胡也频、丁玲三人之间，在私人和意识形态
方面的差异。

胡也频有一点基本上与沈从文和我是不同的。就
是他不像我是一个爱幻想的人，他是一个喜欢实际
行动的人；不像沈从文是一个常处于动摇的人，又反
对统治者（沈从文在青年时代的确也有过一些这种
情绪），又希望自己也能在上流社会有些地位，也频
却是一个最坚定的人。……沈从文因为一贯与新月
社、现代评论派有些友谊，所以他始终有些羡慕绅
士阶级，他已经不甘于一个清苦的作家的生活，也
不大满足于一个作家的地位，他很想能当一个教授。
他到吴淞中国公学去教书了。奇怪的是他下意识地
对左翼的文学运动者们不知为什么总有些害怕。[3]

这样的评价很难说得上公平。事实上，只要想想当时沈从文有多么穷迫不堪，就不难知道，丁玲的评价是苛刻的。胡也频和丁玲就像堂吉诃德一样，骑着马刺向风车，他们所追求的无产阶级文学终究是浪漫的。除了自己，他们再无别人可担心的了。从某种意义上说，他们不仅仅是夫妻——更是精神上的兄弟，手挽手的同志。因此，他们的失败是政治失败，未伤筋骨，却影响到了思想和理论。沈从文没有达到朋友们的期望，并不是因为缺乏理想主义和戏剧色彩。从青少年时期开始，孝悌之道就对他如影随形了，他要照顾生病的母亲和幼小的妹妹[1]。没有哪个理智的严肃作家要维持生计，却只是为了及时行乐，正如评论家和作家已经知道的那样，沈从文也知道，自己专心做事，是为了养家糊口。胡也频和丁玲除了绝对的奉献别无他求，或许正是这种不惜以家庭和家人为代价的绝对奉献，让高更走向了塔希提，并名传后世。至少在这方面，沈从文与胡也频和丁玲不同，但这并不意味着他对艺术的奉献程度就更低。此外，教书为一个作家提供了接触潜在读者的机会。与胡也频、丁玲最终分开之后的 1930 年秋天，沈从文来到位于湖北武昌的武汉大学任教，自己的内心冲突也尾随而至，他

---

1. 原文为 he had worn filial obligation like a tai; concern for an ailing mother, care of a younger sister. 不难发现 filial 与 tail 乃至 ailing 是押韵的。

没有机会把这些告诉他们。在那里，沈从文教三小时一次的课，并再次暴露在那种旧的噩梦中：

> 出去就碰到兵，碰到剃头担子，有时节，还碰到杀人。我的耳目为这个平庸而且愚蠢的世界所迷惑，在这里，我能找寻到一些十年来失去的颜色同声音。我重新如一个无业的小小人物，傍到那些街墙角下，或插在一堆脏脸群众里面去，看一件新发生的事体，我为了证明我也是他们的同伴起见，既接受那些面生的笑容，还报之以一种和悦的笑脸。看那个为刀切下血淋淋的人头，同那些还安置在许多人的脖颈上的肮脏人头。

> 在那种情形下，我的忧郁就是我的娱乐。我欣赏那个世界的一切，享受那个世界的一切，那个世界的现象，营养到我的感情，我因此似乎也年青了许多。[4]

对成效甚微的社会变革，沈从文再次感到震惊。事实上，在武昌的生活条件并没有任何改观。浑浑噩噩的生活以及政府对民众的漠视，使得他开始寻找和确认自己的根。在短篇小说《边城》[1]的序言中，他写道："对于农人与兵士，怀了不可言说的温暖，这点感情在我一切作品中，随处皆可以看出。"[5]

武昌最终使沈从文成为一个独立的个人以及一名作家。作为兵士，沈从文在无数村子里所经历过的和武昌并无不同：他听到了同样的尖叫声，看到了同样的流血场面，记录下同样的残暴行径。作为普通百姓，仍旧无能为力，仍旧默默无名，除了以乡下人的情感创作抒情诗之外，他能做的最有帮助的事情就是从兵士的角度将乡下的所见所闻写进散文和小说。虽然读起来令人沮丧，但这时期值得推荐的小说有：《柏子》《萧萧》《丈夫》《菜园》《灯》《黑夜》。

1931年春假期间，沈从文在上海得知了父亲去世的消息。在过去的二十年里，他只见过老人两次。沈从文与胡也频、丁玲的关系也没有什么缓和，那时胡也频夫妇已经有了一个两月大的儿子，勉强可以维持生活。这对不幸的夫妻又已结下新的劲敌；那年1月17日，国民党政府逮捕了胡也频。一个月后，丁玲得知丈夫已被秘密处决。沈从文陪同这个寡妇和她的儿子回到湖南。三月份，沈从文返回上海，已经错过了在武汉大学续任的时机，再次没了工作。幸运的是，他有了另一份工作可供选择。他收到了诗人徐志摩从北平[2]寄来的一封信："北平不

1.国内一般将四万余字的《边城》看作中篇小说，下文第八章中，聂华苓又将《边城》看作中篇小说。

2.1928年，中华民国国民政府设北平特别市，简称北平。

是使人饿死的地方，你若在上海已感到厌倦，尽管来北平好了。北平各处机关各个位置上虽仿佛已满填了人，地面也好像全是人，但你一来，就会有一个空处让你站。你那么一个人一天吃得几两米？难道谁还担心你一来北平米就涨价？"[6]

沈从文的北平记忆并不愉快，但他无法拒绝这位诗人轻松幽默的来信。五月份，沈从文去了北平，那时徐志摩在北京大学教书。写于 1947 年 10 月的《从现实学习》一文，总结了沈从文对重返城市的感受：

> 乡下人觉得三年中在上海已看够了，学够了，因之回到了北平，重新消失于一百五十万市民群中，不见了。我明白，还只走完第二段路，尚有个新的长长的寂寞跋涉，待慢慢完成。北平的北风和阳光，比起上海南京的商业和政治来，前者也许还能督促我，鼓励我，爬上一个新的峰头，贴近自然，认识人生。[7]

现在，沈从文的文学风格开始在许多方面发展和变化：比如说，通过努力捕捉湖南地方方言的特点和微妙之处，他开始发展出一种新的写作风格。

工作也许比他人的稍麻烦些，沉闷些，需保持单纯和严谨，从各方面学习试用这支笔，才能突破前人也超越自己。工作游离于理论纠纷以外，于普通成败得失以外，都无可避免。即作品所表现方式，也不得不从习惯以外有所寻觅，有所发现，扩大它，重造它，形成一种新的自由要求的基础。因之试从历史传说上重新发掘，腐旧至于佛典中的寓言禁律，亦尝试用一种抒情方式，重新加以处理，看看是不是还能使之翻陈生新。文体固定如骈文和偈语，亦尝试将它整个解散，与鄙俚口语重新拼合，证明能不能产生一种新的效果。我还得从更多不同地方的人事和景物取证。因之不久又离开北京，在武汉，在青岛，各地来去过了二年。[8]

在接下来的两年里，这位年轻的大学讲师在青岛大学任教。这段经历半是旅居，半是禁闭。一边是碧蓝的天空、风景秀丽的海岸、拍打着的海浪，另一边却是岸上浸泡过的死尸。潮水冲上岸来的贝壳，或白亮如象牙，或黑深如玉石。然而，无论风景如何静谧宜人，似乎总有政治带来的阴影，弥漫着不祥的气息。短短十个月，沈从文就失去了不止五位朋友，其中一位就是在济南号飞机失事中罹难的徐志摩。在《谈徐志摩》

中，梁实秋写道："沈从文一向受知于徐志摩。从北平《晨报》副刊投稿起，后来在上海《新月》杂志长期撰稿，以至最后被介绍到青岛大学教国文，都是志摩帮助推毂。"[9]

关于徐志摩，沈从文在修订版的短篇小说集《阿金》[1]的序言中说："尤其是徐志摩先生，没有他，我这时节也许照《自传》上说的那两条路选了较方便的一条，不过北平市区里作巡警，就卧在什么人家的屋檐下瘪了，僵了，而且早已腐烂了。你们看完了这本书，如果能够从这些作品里得到一点力量，或一点喜悦，把书掩上时，盼望对那不幸早死的诗人表示敬意和感谢，从他的那儿我接了一个火，你得到的温暖原是他的。"[10]

漫长的恋爱期过后，沈从文和他的学生张兆和在1933年结婚，结束了单身生活。此时，沈从文还完成了一系列改编自佛经的短篇小说[2]，皆为他的小舅子[3]而作；这本书于次年[4]出版，当时沈从文已经是天津《大公报》文艺副刊的编辑。1934年，沈从文的第一个儿子龙朱出生。在湖南短住后，沈从文创作了他最负盛名的短篇小说《边城》。

---

1. 这里的序言指的是《习作选集代序》。

2. 指1933年初版的《月下小景》小说集中，除《月下小景》之外的《寻觅》《女人》《扇陀》《爱欲》《猎人故事》《一个农夫的故事》《医生》《慷慨的王子》等诸篇，每篇结尾处均署明类似"为张家小五哥辑自某经"的字样。

3. 张家小五哥即沈从文的小舅子张寰和。

4. 《月下小景》于1933年由上海现代书局出版，并非此处所指的次年（1934年）。

1931 年 9 月 18 日之后，日本侵占了东北三省。最初的入侵史称奉天事变[1]。它虽然造成了一些不安，但并没有引起人们的普遍警觉。然而，在 1932 年 2 月 1 日，日本舰艇公然炮击南京。仅仅一年，日本再次入侵中国，这一次日军从北平以北的热河开始，向西穿过内蒙古，向南进入包括北平和天津在内的中国华北省区。蒂伯·门德（Tibor Mende）这样描述这次入侵："在东方，日本正沿着西伯利亚的边界爬行……每天，日本的飞机都在中国的城市上空盘旋，飞得很低，用挂架上肉眼可见的炸弹来威胁民众。日本部队遍布华北各地。"[11]

通过扶植伪满洲国这样的傀儡政权，日本控制了东北地区，接下来建立了一个所谓的华北政务委员会，以便日本部队对中国进一步施压。作为作家、编辑、教师的沈从文深受感召，在《从现实学习》一文中如此评论：

> 东北沦陷于日人手中后，敌人势力逼近平津，华北有特殊化趋势。为国家明日计，西北或河南山东，凡事都得要重新作起，问题不轻细。有心人必承认，到中央势力完全退出时，文字在华北将成为唯一抵抗强邻坚强自己的武器。三十岁以上一代，人格性情已成定型，或者无可奈何了，还有个在生长中的儿童与

---

1. the Mukden Incident，奉天为沈阳旧称，奉天事变即"九一八事变"。

少壮，待注入一点民族情感和做人勇气。因之和几个师友接受了一个有关国防的机构委托，为华北学生编制基本读物。[12]

这项从小学读物开始编起的计划成效可观。为了促进现实中的民族主义宣传，甚至学校职员也辞掉了工作。平头百姓被要求做出牺牲。一位大学校长[1]特意辞去了庄严的职务，承担起远不那么光鲜的读物经销工作。沈从文自己也心甘情愿地做了一些烦琐差事。与他一起工作的，还有一位著名的大学教授、系主任[2]。

1936年，张兆和怀上了第二个孩子虎雏，沈从文的工作也暂时停了下来。于1937年7月7日最终全面爆发的抗日战争，使沈从文和朋友们为年轻人创建新文学的计划被迫中断。于是大家围坐在大院中的大火炉旁，沉默无言地毁去了数年来所有的资料和成绩，各自匆匆离开了北平。之后的四个月里，沈从文都住在沅江边上的小城里，日子过得沉闷枯燥。

当日本人轰炸武汉时，沈从文将家人送到昆明，他在那里的西南联合大学得到了一份教职。1940年4月，他被聘为《战国策》半月刊的编辑。

对于精疲力竭的知识分子而言，昆明犹如一个温室，一间

---

1. 指曾任国立青岛大学校长的杨振声。

2. 指清华大学中国文学系主任朱自清。

大家抱团取暖的草棚。他们靠自己的智慧生活，被贫困和通货膨胀弄得疲惫不堪。没有人关注他们；他们生病，死去，无人悼念。《战国策》于1941年停刊，他如此描述这段沉闷的经历："这是乡下人的第四段旅程，相当长，相当寂寞，相当苦辛。但却依然用那个初初北上向现实学第一课的朴素态度接受下来了。"[13]

这个时期，沈从文的作品很少。从1938年到1940年，他出版的作品只有《湘西》中的一些散文，以及长篇小说《长河》。《长河》在香港报纸上连载时删减了不少，审查机构已经盯上了沈从文。

在中日两国都卷入了第二次世界大战之后[1]，抗日战争于1945年8月结束。[2]1946年的夏天，沈从文回到了"离开了九年相熟已二十五年的北京大城"[3]。他的创造力再次恢复，并在北京大学谋得了一份令人满意的工作。战争过去了，而他面临着一场全新的、更加困难的斗争，他要与即将来临的审查相抗争。

1. 这里指1941年12月7日太平洋战争爆发，作者此处所持的显然是西方关于二战史的主流看法。

2. 抗日战争本身是第二次世界大战的重要组成部分。聂华苓在此强调的是抗日战争是正义的反侵略战争，一方面中国积极参与到世界反法西斯战争进程中，比如派遣中国赴缅远征军等；另一方面，日本的侵略行径是非正义的，终因太平洋战争等原因，而使美苏对日作战，加速了日本的投降。

3. 沈从文：《从现实学习》，《沈从文全集》第13卷，太原：北岳文艺出版社，2002年，第391页。

第八章

评论一：沈从文小说中的人物 *

每一个多才多艺的艺术家背后，都有其特定的风格，每一个创作中的艺术家都有自己独特的关注点，有他特定的主题和领域，可以与他的视野和独有的天分完美地匹配。沈从文的领域或可称之为乡下人：贴地的人和水上人。

　　*　聂华苓写有《乡下人——浅谈沈从文的小说》(初刊于 1972 年第 28 期《海内外》杂志，收录于岳麓书社 1986 年版《我所认识的沈从文》第 308—312 页)，以及《浅谈沈从文的小说——人物、主题、意象和风格》(收录于 1983 年香港三联版《黑色，黑色，最美丽的颜色》)。本书第八章、第九章在此两文基础上扩展完善而成，因此部分译文直接取自上述两文。

在《阿丽思中国游记》的序言[1]里，沈从文说他可以在一件事上生发出五十种联想。此言不虚。沈从文最好的小说总能散发出一种象征性的五光十色的效果，或许不那么显而易见，也或许不那么具有技巧性。正因此，他不断试验和发展多种文学形式，以此拓宽自己的文学之路，同时也想由此将民族自豪感传递给正在迅速觉醒中的中国民众。公认的沈从文创作出版的著作不少于五十卷，包括诗歌、短篇小说、长篇小说、报刊文章、寓言、传记、游记、戏剧、评论随笔等。作者如此包罗万象的视野，自然相应地需要有一种对人类的全景式观察。这已经在沈从文笔端描绘的各行各业的主人公那里，得到了巧妙的印证：司书、大学教授、年轻人、政客、地主、作家、官僚、土匪、船夫、姨太太、妓女、工人、商人、走私犯、

1.《阿丽思中国游记》两卷各有序言，此处指第一卷的序言。

店铺老板、猎人等等。每一个角色都是供人仔细审视的，而非供人奚落和谴责的。

每一个多才多艺的艺术家背后，都有其特定的风格，每一个创作中的艺术家都有自己独特的关注点，有他特定的主题和领域，可以与他的视野和独有的天分完美地匹配。沈从文的领域或可称之为乡下人：贴地的人和水上人。

我实在是个乡下人。说乡下人我毫无骄傲，也不在自贬，乡下人照例有根深蒂固永远是乡巴佬的性情，爱憎和哀乐自有它独特的式样，与城市中人截然不同！他保守，顽固，爱土地，也不缺少机警，却不甚懂诡诈。他对一切事照例十分认真，似乎太认真了，这认真处某一时就不免成为"傻头傻脑"。[1]

以上这段话出自沈从文一篇题为《习题》¹的随笔，从中可以看出他对乡下人是什么或应该是什么的定义。

《湘行散记》是沈从文深入细致地描写乡下人的又一小型经典之作：

这里是一群会寻快乐的正直善良乡下人，有捕鱼

---

1. 实为《习作选集代序》，聂华苓使用的小说集《阿金》将《习作选集代序》改为《习题》。

的，打猎的，有船上水手和编制竹缆工人。若我的估计不错，那个坐在我身旁，伸出两只手向火，中指节有个放光顶针的，肯定还是一位乡村里的成衣人。这些人每到大端阳时节，都得下河去玩一整天的龙船。平常日子特别是隆冬严寒天气，却在这个地方，按照一种分定，很简单的把日子过下去。每日看过往船只摇橹扬帆来去，看落日同水鸟。虽然也同样有人事上的得失，到恩怨纠纷成一团时，就陆续发生庆贺或仇杀。然而从整个说来，这些人生活却仿佛同"自然"已相融合，很从容地各在那里尽其性命之理，与其他无生命物质一样，惟在日月升降寒暑交替中放射，分解。[2]

在沈从文的许多小说中，自然因素构成了最高法则：他笔端的人物，不论是蓬勃发达者还是卑微无名者，他们的实质存在通常都没有超出自然的界限，因为这些人物不可避免地与自然因素和睦相处。自然就是他们的热情与执着之所在，他们在生命和自然的循环中坚持自己的准则，而这些循环本身有时对人友善，有时却与人为敌。扩而言之，沈从文原则上也是循此古老的信条，尽管可能是潜意识地，但四处漂泊的沈从文还是由此被教化成熟，成为令人尊敬的中国作家沈从文。

同样难能可贵的是，他并没有对生命的阴暗面视而不见，如同现实无法避免卑鄙和恶意一样，他的小说也是如此。即便乡下人也不能避免人性的污点：他充满深情，却又不招人喜爱；他年轻，却似已衰朽；他单纯，却又贪心不足。随着社会的变化，乡下人变成了少数人，容易腐坏和被误解的少数人。总之，乡下人是文明发展产下的孤独的杂种，夹在进步和被动的文化枷锁之间。

沈从文的乡下人，在某些方面有些像加缪的局外人[1]。他们同是被疏远者。局外人处在一个没有上帝、没有任何价值的世界中，乡下人则生活在一个被现代文明破坏的世界中。他们都依赖自己的感觉过活。一切可以摸到、看到、听到、闻到的东西都教他们快乐。感觉之外，他们对生活都无多求——除了死亡。然而，两类人的相似性也就止步于此。局外人对于死亡的命运是反叛的，蔑视的；乡下人却是认命的，安于命，安于死亡。他们都没有未来，没有希望，没有幻觉，绝不退却。他们都要活下去，因为活着是很好的。而归根结底，乡下人和局外人都有些荒谬的味道。

尽管沈从文的小说人物表现出了人类的各种处境，但我们对他小说的评论将聚焦于他笔下的乡下人：在时间和空间中错位的荒谬的乡下人，被现代文明所玷污的"异化"了的乡下人，

---

1. 英文为 stranger，聂华苓称之为异乡人。

被战争与革命所扭曲的乡下人，理想的乡下人，与城里人形成对照的乡下人。由于沈从文对中国文学的主要贡献在短篇小说，评论也将聚焦于他的短篇小说。

一、《三个男人和一个女人》

在《从文自传》中，沈从文提到过一个骇人听闻的事件（见本书第二章），后来他几乎原封不动地以这个事件为蓝本，扩充写成了既病态又引人入胜的短篇小说《三个男人和一个女人》。这一出于其自传的事件主要讲一个卖豆腐的年轻男子，在一个女孩下葬的当夜，将她从坟墓中挖出，并背到不远处隐蔽的石峒中睡了三天，又送回坟墓去的故事。

以下是这篇短篇小说所描述的事件版本：一支部队在雨中开拔到新的驻地。他们被分配驻宿在一个荒凉的祠堂。当他们到达时，号兵爬到石狮子上去，吹号向团部探问消息。街的南端来了两只大白狗，听到喊它们回去的女子的声音，它们返身就跑去了。那号兵从石狮身上跳下来，不慎扭伤了脚，成了瘸子。在另一名兵士（故事的叙述者）的照料下，他们经常到一家豆腐铺，看年轻老板推浆打豆腐。当这两名兵士遇到那两只白色大狗，以及远处年轻漂亮的女主人时，这些造访显得更为有趣了。两个兵士尽力讨好这两只狗，想要同它们交好。兵士们对那姑娘免不了会说出一些粗话蠢话，或者对两只狗常常又做出一点可笑的行为，年轻老板对此总是微微发笑。即使兵士奚落他，也只是微笑。一转眼半年过去了，这两名兵士同那两只白狗成了朋友，但跟那姑娘还是不够亲近。那个微笑的年轻老板仍是默不作声。有一天，听人说那个女孩吞金自杀了。那号兵从祠堂消失不见了，回来时告诉另一名兵士，他去过那女子的坟头。但是，有人比他先到，把女子的尸骸挖走了。然后，兵士们得知年轻老板也不见了。他们后来才听说，有人在离坟墓半里的石峒里发现了那个少女的尸骸。

这位年轻的豆腐铺老板，是沈从文笔下荒诞的乡下人。传记事件和短篇小说之间的区别是，短篇小说中另外增加了两个人物，为什么作者要加上这两个人物？他是怎样描述荒诞的乡下人的？小说的开始是这样的：

有什么人知道我们的开差，为什么要落雨的理由么？

我们自己是找不出那理由的，或者这理由团部的军需才能够知道，因为没有落雨时候，开差草鞋用得很少，落了雨，草鞋的耗费就多了。但落了雨才开差，对于军需是利益还是损失，我们是又不大能够说得清楚的。照例那些事非常复杂，照例那些事团长也不大知道，因为团长是穿皮靴的。不过每次开拔总同落雨有一种密切关系，这是今年来我们遇到很巧妙事情之一种。[3]

小说一开始，就充满了荒诞和无聊，让人想起加缪的《局外人》。它暗示了自然的变幻莫测。首先出场的人物是一位年轻的号兵：

号兵爬到石狮子上去，一手扳着那为夕阳所照的石狮，一手拿着那支紫铜短小喇叭，吹了一通问答的曲子，声音飘荡到这晚风中，极其抑扬动人。其时满天是霞，各处人家皆起了白白的炊烟，在屋顶浮动。许多年青妇人带着惊讶好奇的神气，身穿新浆洗过的月蓝布衣裳，胸前挂着扣花围裙，抱了小孩子，远远的站在人家屋檐下看热闹。[4]

故事人物处境的恶化巧妙地体现在号兵这一人物身上，他从石狮子上不慎跌落后，就瘸了一辈子。号兵很快就坠落成了病人——在身体、精神和道德上都无可救药的病人。此时，作者的描述转向了小说中的两只大狗：

我们每天想方设法花钱买了东西，送给那两只狗吃，同这个畜生要好。在先，这畜生竟像知道我们存心不良，送它的东西嗅了一会就走开了。但到后来这东西由豆腐铺老板丢过去时，两条狗很聪明的望了一下老板，好像看得出这并不是毒药，所以吃下了……[5]

时间略久，那两只狗同我们做了朋友，见我们来时，带着一点谨慎小心的样子，走到豆腐铺来同我们玩。我们又恨这畜生又爱这畜生，因为即或玩得很好，只要听到那边喊叫，就离开我们走去了。[6]

这些段落平铺直叙地交代了现实情况；在三个男人和两只狗的关系上，埋下一个心理层面的伏笔。两只狗是蕴含矛盾的双重象征：既代表着死亡的残酷，又代表着死亡的魅力。（它们所起到的象征作用，以及小说中普遍的象征主义将在本书第九章讨论。）两位兵士厌恶狗，犹如人厌恶死亡的形象。尽管如此，在这两位兵士私密的春梦中，狗的女主人仍然是被垂涎的对象，也因此才对这两只畜生表现出一些喜爱。在这个奇怪的群体中，只有年轻的豆腐铺老板看起来讨人喜欢。随着故事的发展，他才是由狗所代表的死亡的真正朋友。

这个店铺老板是谁？他是什么样的人？

这个豆腐铺老板是一个年青人，这人强健坚实，沉默少言，每天愉快的做工，同一切人做生意……

我们只知道他是从乡下搬来的，间或也有乡下亲戚来到他的铺子里，看那情形，这人家中一定也不很穷。他生意做得不坏，他告诉我说，他把积下的钱都寄回乡下去，问他是不是预备讨一个太太，他就笑了。他还会唱一点歌，唱得很好，声音调门都比我们营里人为高明。他又会玩一盘棋，这人并不识字，"车""马""象""士"却分得很清楚。他做生意从未用过账簿，且赊欠来往数目，他都能用记忆或别的方法记着，不至于使它错误。他把我们当成朋友看待，不防备我们，也不谄谀我们……我同我那同伴瘸脚号兵，在他豆腐铺里谈到对面人家那姑娘，有时免不了要说出一些粗话蠢话，或者对于那两只畜生常常做出一点可笑的行为，这个年青老板，总是微微的发笑，在他那微笑中我们却看不出什么恶意，〔却似乎有点秘密〕。

我总就要说："你笑什么？你不承认她是美人么？你不承认这两只狗比我们有福气么？"照例这种话不会得到回答。即或回答了，他仍然只是忠厚

诚实而几乎还像有点女性害臊神气的微笑。[这照例是使我不平的，我将说：]

"为什么还是笑？你们乡下人，完全不懂到美！你们一定欢喜大奶大臀的妇人，欢喜母猪，欢喜水牛，因为肥大合用。但是这因为你不知道美人，不知道好看的东西。"

有时那跛子号兵，也要说："娘个狗，好福气！"

且故意窘那豆腐铺老板，问他愿不愿意变成一只狗，好得到每天与那小姑娘亲近的机会。照例到这些时节，年青人一面便脸红着特别勤快的推磨，一面还是微笑。[7]

比起故事中的其他段落，这几段或许更能显示沈从文人物性格刻画的技巧。这两位兵士被当作舞台道具，或者说是辅助灯，来照亮正面主要人物，也就是豆腐铺老板和他那"愚蠢"的微笑。在兵士眼里，这是乡下人的憨笑，不值一提。这一微笑是一种神秘的不可移动的固定装置，对于豆腐铺老板，甚或整个社会阶层而言，它可以成为一面不可知的面具，成为宽慰他们的唯一之法。当两位兵士拉着豆腐铺老板去看被处决的犯人尸体，以此来奚落他时，他也是对尸体咧嘴一笑。作者似乎在说，这种微笑既是年轻乡下人的武器，也是他的庇护所，使他可以毫无畏惧地面对死亡。这种微笑将他与死亡联系起来，也将他与小说中的姑娘联系了起来。

> 这时那个姑娘走出门来，站在她的大门前，两只白狗非常谄媚的在女人身边跳跃，绕着女人打转，又伸出红红的舌头舐女人的小手。
>
> 我们暂时都不说话了，三个人望到对面，后来那女人似乎也注意到我们两个人的脸上有些蹊跷，完全不同往日了。便望着我们微笑。似乎毫不害怕我们，也毫不疑心我们对她有所不利。[8]

乡下人和姑娘戴着同样的面具——天真的微笑。而且，在这片被兵士所侵犯的土地上，他们是象征意义上的童男童女。这个充满活力却可望而不可即的女孩，与死亡相关联，或许就是死亡的化身。兵士们因为无法接近女孩，而感到心神不宁，以至于相互辱骂、殴打。号兵的道德和身体残疾，与叙述者的自卑情结和无能为力，发生了强烈的冲撞。夹在中间的是不可摧毁的年轻老板，带着他那不可解的微笑，避开了偏执与暴力。

一直到现在，作者还没有让小说中卖豆腐的乡下人说过一句话。他是从叙述者——兵士的视角被加以描述的。作者仿佛故意在乡下人和读者之间装上了一层玻璃。隔着玻璃，读者只看得见乡下人推着磨微笑，却听不见他的声音，也不知道他脑子里想的是什么，留给读者的就只有透过玻璃的透视。这种玻璃手法更增加了荒诞的气氛，一种类似于加缪描绘局外人的文学手法。

毫不违和地，女孩的吞金自杀也是荒谬的。自杀是突兀的，作者对此没有解释，没有给出合理化的理由。对他们所爱之人的死，三个男子的反应有所不同：瘸子号兵非常忧郁；更具哲学意味的是，班长——叙述者先是很忧郁，后来想到女人正像一个花盆，不是自己分内的东西，所以花盆碎了，几乎还有一点开心了；年轻的乡下人不像往日那样乐观了，但他没有表露出其他任何的情感。就在这时，故事不再荒谬，推进到形而上层面。号兵离开祠堂后又回来，全身是黄泥，极其狼狈。他所复述的村寨迷信有种不祥的暗示：吞金死去了的女子，在七天之内，只要得到男子的偎抱，便可以重新复活。女孩下葬后两天，号兵就到她的坟墓去，希望能够实现这一预言。然而，女孩的尸骸已经不见了。现在，小说中的这三名男主人公提供了三种不同的视角：瘸子号兵显示的是残缺者对女孩的爱情；叙述者表达了世俗人的贪婪；年轻老板则代表着一个自然人，以及他与年轻女孩之间的亲密关系。根据沈从文的描写，豆腐铺老板是个自然人，他当然没有在瘸子号兵以及班长之类躯体空洞的人所代表的文明之上留下什么印迹。沈从文对这个乡下人着墨很少，但人物性格的真髓却显露无遗；他那神秘的微笑，以及与女孩的精神联系。作者首先给我们的是一种光晕，而非轮廓；次要人物并没有完全参与进悲剧中，因而他们只能猜测悲剧。沈从文通过间接地烘托氛围，围绕着无足轻重的乡下人——所谓无足轻重，只是就其无形的社会价值而言——写出了一个象征性的故事。《三个男人和一个女人》以优雅平和而又充满激情的笔调，讲述了这样一个故事，当我们把我们当中的"局外人"称为"白痴"的时候，我们实际上是在损害自己。当乡下人也消失了，女孩的尸骸在离坟墓半里的石峒里被发现时，一想到一个隐形人最终显露出他那遮掩起来的脱离了肉身的真面目，没有什么比这更令人不安了。

二、《建设》

在小镇一家临河茶馆里，旧货铺老板和一位退伍的兵士神秘地谈论着第二天晚上交易的事情。不远处的另一张茶桌上，一个工人和一个驻扎在镇里的兵士看到了对话的全过程。可工人完全听不明白他们在说什么，这名兵士凑过头来，说这两个人要交易其中一人偷来的非法枪支。这名兵士又告诉工人说，他想抢劫枪支走私犯，从中获得一些钱财。工人对此犹豫不定，兵士就嘲笑他。最后，工人发誓要和他一起抢劫。第二天，在为一座外国教会资助建设的学校礼堂搬运木材时，这名一直想着将要进行的抢劫计划的工人，一不小心被木料扎伤了手。他的手开始流血，血迹沾到了木材上。晚上，工人和兵士又去了茶馆，知道枪支走私交易没有成功。工人离开了茶馆，沿着河边往回走。黑暗中，当他在树下小便时，听到有人走了过来。来人是教会的牧师，被派来在工程处传教。牧师认为工人喝醉了，想把他带回工程处，工人却想挣脱他。牧师试图抓住这名男子，却触碰到了工人为抢劫枪支而携带的小锤子。牧师指责工人携带武器，并抓住他受伤的左手。慌乱之下，工人用锤子击中了牧师的头。

没有任何明显理由杀死牧师的工人是个乡下人，被现代文明所错位、异化。沈从文对现代中国社会现状的悲剧性看法，具体体现在中国工人身上，有两个层面：第一，外在的，或者说是现实的层面；第二，内在的，或者说是人物的内在意识，属于心理的层面。

这汉子，是乡下人出身，是来到这工程处以后，每日拿三角钱工薪，按时做工头所分派的工作，按时从那湫陋陋木板屋中钻出，而又按时蹲到泥地中做事吃粗米饭的人物。一个最规矩的最合用的工人，一个

"虽愚蠢却诚实"，值得教会中派来的牧师用圣雅各名分哄骗永远这样做工的动物。[9]

　　这个虽愚蠢却诚实的乡下人，在"一切力为一个聪明的工程师的计划活动着"[1]的世界里，显得那么莽撞冒失。这样的世界对他来说是陌生的：

　　　　"大哥，我不明白他们是说的是什么。"

　　　　"是盒子。"

　　　　"'盒子'？"

　　　　"匣子。"

　　　　"什么'匣子''盒子'？"

　　　　"是我那个东西，明白了么？"

　　　　"噢，我清楚了……"[10]

　　这里的乡下人仅仅是一种物理性存在，对他的描述清晰而直接。兵士轻蔑的笑声刺激他成为共谋，然而，我们对他的思维方式有了更深的了解：

　　　　这汉子，在夜里，在那又臭又脏的住处，用一床

1. 沈从文：《建设》，《沈从文全集》第 6 卷，太原：北岳文艺出版社，2002 年，第 153 页。

旧棉絮包裹了全身睡觉时，就做梦，**梦到与人打架，得了胜仗，从那被打的人抱兜里掏了七八块钱的角子**，捏满了一手，就醒了。醒过后，爬起来走出房子，站在寒气逼人的月光下洒尿……[11]（粗体 1 为作者所加）

与工人心中所想形成对照的，是沈从文描写的工人必须生活在其中的非人性化的世界。"在太阳下过细去看那些东西的脸，扁平而又无趣，或者狡猾多端……总而言之，想从这三百人中找出一副端正一点的脸子也是很难的……"[12] 工头用号数来称呼工人，还把他们当小偷看待。当工人们无聊时，用石子击打水沟里的纸烟盒，以此作为消遣。在这样一种压抑的气氛中，在为建造学校搬运木料时，工人对抢劫枪支走私犯的计划感到痴迷就一点也不奇怪了。在小说出现不可挽回的结局前，作者一步一步地向读者提供线索。

他就在搬木料时想这件事情，在推木料车过河街时，也只是想到这一件事情。河街上小孩子喊他做傻瓜，这傻瓜，他似乎没有听到孩子们揶揄。他比同伴更卖出气力到职务上，一点不节制自己的精力。他两只手因此在一次小小疏忽的情形下，被木料扎

---

1. 英文原文为斜体，中译本采用粗体，下同，不再一一说明。

着了，左手掌扎出了血，这汉子，只轻轻的骂了一句娘，把手掌放在腿上擦，血全擦到那肮脏的破烂的蓝青布上面，成了一片黑色，到后走到干土处时，就抓了一把泥土，敷到那手掌上面……[13]

沈从文用语简洁，却犀利地将工人的心思裸露在读者面前。这是一个自然人的思维方式，他相信大地中的泥土，甚至偶尔也与之类似，因此在别人眼中，有时他简直就是个白痴。然而，从另一个层面上讲，沈从文的文字展现出现代中国的一幅景象：乡下人被现代文明（工业、技术、基督教和教育）所伤害，外国教会所推动的学校建设就是象征，或许只有原始的泥土才能加以治愈。这种景象在各种情形下被一次又一次地强调。

　　矮子见到乡下人在对他笑，他更得意了。

　　"哥，你那手真可惜，就只糟蹋到这些小事上头！你打过老虎么？你捉过野猪么？你在乡下，会爬树么？你在什么时候也把你那一双臂膊，抱过妇人的腰么？……"[14]

这是作者对被工业社会所错位的自然人的定义。这意味着，如果自然人受到伤害，他必然只会因要在自然界生存而进行必不可少的劳作时才受到伤害，比如上面说到过的在打老虎时。不过具有讽刺意味的是，工人的手是在工业事故中受伤的。

> 乡下人因为是在上坡所以顾不得手上的伤，那左手又搭上木料上去了。**手掌的泥土皆已为新血染湿，那血还同时染污了木料**……他又要乡下人小心一点切莫把血涂脏木料，因为这木料是做礼堂屋顶的。[15]（粗体为作者所加）

这段文字具有高度的象征意义：现代中国（以新式学校为代表）的存在是以乡下人的流血为代价的。意味深长的是，只有当工人得知，枪支走私犯未能窃取枪支时，他才能感受到伤口的痛苦。离开茶馆后，他听到赌徒的声音，也想去赌一把。他把手伸进裤兜，摸了一下为抢劫准备的小锤子。小锤子让他想起了他所有关于抢劫的梦想，"他仿佛今夜非要生一点事情不可"。[16]这是一个荒谬而关键的时刻，沈从文笔下的许多命运悲惨的人物似乎都无法摆脱它。他们被一种潜在的、黑暗的力量持续引导着，直到悲剧实现的那一刻。

> 这工人这时所选择的路却是沿河的一条。天气有

理由让他在这些时候做一种遐想。他正想到在那里会遇到那个卖枪的汉子，或者另外一个人，手上或腰兜里有的是银元赤金戒子，就利用了那一只完全的手，把身上所藏的小铁锤一扬，在脑部或什么方便地方一下：于是就得了一些意外的财喜。他这思想是在他平常日子没有的思想……[17]

沈从文先是探索了一番乡下人的内心意识，然后将他推向了厄运，即谋杀了牧师。然而，这篇小说并没有随着牧师的死而结束。即使牧师躺在他的脚下死了，工人也没有明白是怎么一回事。他像往常一样回去工作，对自己的罪孽没有任何感觉。第二天晚上，他的兵士朋友带他去见一个妓女。在兵士的唆使下，当工人的手抓住女人的膀子时，她感觉到他身上那暴乱的不能节制的力量。正如兵士说的那样，他是"初出山的老虎，因为陌生，他一切都怕"。[18]

一年后，教会方面决定为牧师建一座纪念亭，工人也被派去挖地基平土。他因为做工特别勤快，得了一点奖赏，就找到那个肥臀大脚的妓女，同她住了一夜。

二十世纪三十年代的左翼评论家贺玉波，在《现代中国作家论》中写道："沈从文的作品大都是空洞无物的；不外是些片断的影片和琐碎的生活记录罢了。思想呢，是说不上的……"[19]

从表面看，沈从文的作品似乎只有"片断的影片和琐碎的生活记录"——都是生活中的琐事。但是，埋藏在沈从文作品中的表层现实，很大程度上因其内心的共鸣而发生了颤动，激发出他对人类境况的洞察。在《建设》中，他描写了被现代文明践踏的乡下人。这篇小说原本可能以牧师的死亡以及乡下人的暗影在牧师尸首旁边走来走去而结束。但是作者对乡下人的刻画并未完成，直到他通过"片断的影片和琐碎的生活记录"，展现出乡下人所具有的人类心灵的原始无辜才最后终结。乡下人与妓女的两次见面，随之而来的玩闹，以及他在建筑纪念亭时，通过辛勤劳动所获得的奖赏——这些都是绝妙的点睛之笔。这更进一步证明了，沈从文不仅是一位艺术家，更是一位人道主义者，他对现代中国所负的责任是完整全面的。

尽管造诣令人折服，但《建设》也是沈从文被诟病有结构性缺陷的小说之一。对工人生活的描述重点不够突出，而且有些冗长；作者对工人、兵士、富人和穷人的评论也显得突兀。这些用力过度之处，削弱了小说的核心目的，即阐明一个被现代文明所玷污的乡下人的原始性。

三、《会明》

会明是一个部队的火夫，他的连队一直在与军阀作战。会明有一面缠裹在腰间的小小三角军旗，是他十年前参加革命战争的唯一纪念。他热切希望有一天能"把军旗插到堡上去"，也就是中国边境上的某处树林，部队将在那里驯服荒野，垦辟荒地、生产粮食，保卫国家。他从十年前部队都督的训话中生成了这一念头。他还没忘记都督曾说过："勇敢点！把你的军旗插到堡上去。"现在，会明的连队再次与军阀作战。驻扎前线三天了，一切毫无动静。会明不喜欢这么风平浪静下去，因为如果战事到夏天才开始，战死兵士的尸体很快就会腐烂并发臭。此外，战斗进程的加快，还可以使他更接近梦想中的树林，在那里他可以把军旗插到堡上去。然而局面和平了许多，原本迁往深山避战的村民，又悄悄回到村中，有人还送给会明一只母鸡。这只鸡每天都会下一枚蛋，积累到二十枚蛋时，终于孵出了二十只小鸡。会明欢喜得像疯子一样。他细心照料小鸡，就像母亲对待孩子一样。会明对小鸡的喜爱与日俱增，他对战争的厌恶也就随之加深。他很高兴地听到部队要撤离的消息。他似乎感觉到，在大树林里"把军旗插到堡上去"的愿望无法实现了，但因为有了鸡，他感到心满意足。夏天到来时，连队的人一个都不会腐烂，也就不会破坏这新鲜空气。

《会明》是沈从文的最佳作品之一，会明也是他刻画得最为精彩的人物之一。他也是一个乡下人，一个被革命和战争连根拔起的自然人。

他以前是个农民，辛亥革命后，改了业。改业后，他在部队中做的是火夫……

身高四尺八寸。**长手长脚长脸，脸上那个鼻子分量也比他人的长大沉重。长脸的下部分，生了一片毛胡子，本来长得像野草，因为剪除，所以不能下垂，却横横地蔓延发展成为一片了……**[20]（粗体为作者所加）

就像猎人跟随猎物的气味，沈从文追踪着他所钟爱的原型，再次向我们呈现出原始主义的化身，每个描述性词语都是经过精挑细选的。这些词语汇总到一起，就形成了对乡下人作为一个整体的赞歌：与会明的身体有关的词汇，让人想起动物之力；与会明的脸有关的词汇，让人想起原始的土地，蕴含着与生俱来的努力向上生长的自然力量。这个乡下人也是一个局外人，是革命和战争世界里的局外人。即便如此，他仍旧是对自然充满信任的人：

他把一切戏弄放在脑后，眼前所望所想只是一幅阔大的树林，树林中没有会说笑话的军法，没有爱标致的中尉，没有勋章，没有钱，此外嘲笑同小气也没有，树林印象是从都督蔡锷一次训话所造成，这树林，所指的是中国边境，或者竟可以说是外洋，在这好像外洋地方，部队为保卫国家驻了营，作着一种伟大事业，一面垦辟荒地，一面生产粮食。

在那种地方，照会明想来，也应当有过年过节，也放哨，也打仗，也有草烟吃，但仿佛总不是目下军营中的情形。那种生活在什么时候就出现，怎么样就出现，问及他时是无结论的。或者问他，为什么这件事比升官发财有意义，他也说不分明。他还不忘记都督尚说过"把你的军旗插到堡上去"那一句话。军旗在他身上是有一面的，他所以好好保留下来，就是相信有一天用得着这东西。到了那一日，他是预备照都督所说的办法做去的。[21]

关于《会明》，夏志清在《中国现代小说史》中写道："他觉得，一个人即使没有高度的智慧与感受能力，照样可以求得天生的快乐和不自觉地得来的智慧。这种看法，当然是道家的和罗曼蒂克的看法。"[22] 会明天生的快乐和不自觉地得来的智慧，并不属于道家范畴，而应归于乡下人。道家是遗世独立的，而乡下人是入世的，尽管他的家乡是自然。他从感官中获得快乐，从经验中获得不自觉地得来的智慧。他是现实的、忠于大地的，而道家则不是。"他不为同情，不为国家迁都或党的统一——他只为'冲上前去就可以发三个月的津贴'。"[23] 他的战争经验如此丰富，以至于几乎可以预见战争发展的方向。

> 到前线了，他的职务还是火夫。他预备在职分上仍然参预这场热闹事情。他老早就编好了草鞋三双。还有绳子、铁饭碗、成束的草烟，都预备得完完全全。他另外还添置了一个火镰，是用了大价钱向一个卖柴人匀来的。他算定这热闹快来了。望到那些运输辎重的车辆，很沉重的从身边过去时，车轮深深的埋在泥沙里，他就呐喊，笑那拉车的马无用。他在开向前防的路上，肩上的重量不下一百二十斤，但是他还唱歌，一歇息，就大喉咙说话。[24]

他享受着战事带来的感官刺激：疲倦、饥渴、紧张的欢喜、杂乱的纠纷、可笑的慌张和怕人的沉闷。他如此期待战事，以至于在睡梦中也会以为听到枪响而醒过来。战争为他预备了不幸和冒险。但会明不喜欢在夏天作战，因为战场上会有尸体腐烂的臭味。在黑暗与死亡的世界中，唯一的亮色就是会明所梦想的，在边境的树林中，将军旗插到堡上。但当小鸡破壳而出的那一刻，会明就放弃了这个愿望。"小鸡从薄薄的蛋壳里出到日光下，一身嫩黄乳白的茸毛，啁啾的叫喊，把会明欢喜到快成疯子……"[25]

夏志清认为："我们不难从会明对那些小鸡自然流露出来的关心与快乐，看出沈从文对道家纯朴生活的向往。"[26] 但是，让会明对小鸡感到疯子般喜悦的，并非道家的美德，而是乡下人对生活的感悟。乡下人如此现实和感性，以至于不可能成为道家。

> 在前线，会明是火夫，回到原防会明仍然也是火夫。不打仗，他仿佛觉到去那大树林涯很远，插旗子到堡上，望到这一面旗子被风吹的日子还无希望。但他喂鸡，很细心的料理它们，多余的草烟至少能对付四十天，他是很幸福的。六月来了，这一连人幸好没有一个腐烂，会明望到这些人微笑时，那微笑的意义，没有一个人明白的。[27]

正是会明的微笑，最终标识出他是沈从文笔下的另一个乡下人。这种纯真的微笑，在《三个男人和一个女人》中的豆腐铺老板身上也出现过。尽管身处战乱中，一个仍能够微笑的乡下人，注定是可以活下去的人。

四、《新与旧》

　　《新与旧》是一个关于刽子手的故事，分成两部分。故事的"清朝"部分和"民国"部分所述均为同一件事：杀头。在故事第一部分的开端，刽子手是一个杀头手法娴熟的手艺人；到了第二部分时，刽子手已经变成了一位被遗忘的老人。他对工作的态度，并没有因为时代和生活的变化而改变，但是其他人对他作为刽子手的态度，却真真确确地发生了变化。

　　清朝：边远小城中最娴熟的年轻刽子手杨金标，接到处决犯人的命令后，熟练而迅速地完成了任务。犯人脑袋落地的那一刻，刽子手就低下头直向城隍庙跑去，在菩萨面前磕了三个响头，并赶忙躲藏到神前的香案底下。县太爷赶到时，听到跑风的探子就会禀告说，一平民被杀且凶手不明去向，县太爷就会佯装吃惊。这时刽子手自己就从香案底下爬出来请罪。于是县太爷把惊堂木一拍，装模作样地打起官腔来问案，表达了对这起杀戮行为的愤慨后，就命令差役重责凶手。刽子手挨完打后，就会因其尽职尽责而得到一份赏金。

　　民国：刽子手已是一位老人，清帝国已经变成了中华民国。死刑数目的大幅增加，使政府不得不改用枪毙的方式来处决，老刽子手的砍头手艺于是被取代了，他被委以一份把守城门的差事。一天，一名官员命令他用那把久未使用的老刀，砍一个男人和一个女人的头。之后，他照旧跑到城隍庙，跪在地上磕头，并藏在神前香案下。庙里的善男信女看到血淋淋的大刀，就把老人误认为谋杀犯或疯子，想要抓住他，兵士也开枪打他。后来他被人捉住，遭到了一顿痛打，而被五花大绑地吊在廊柱上，受人捉弄。原来，刽子手最后的刀下鬼是共产党，当地军部希望通过非常手段将犯人斩首示众。可是老刽子手却始终没能明白，衙门为什么要他去杀那两个年轻人。于是，军部里就流行开关于那"最后一个刽子手"的笑话。

时代变化造就了这个故事的戏剧性效果，既有过去到现在的时间上的变化，也有人们对刽子手反应的变化，以及刽子手本人所经历的种种变化。具有讽刺意味的是，刽子手这个人物的行动和反应却都没有任何变化。

从清朝开始：

（刽子手）到了城隍庙，在菩萨面前磕了三个响头，赶忙躲藏到神前香案下去，不作一声，等候下文。

过一会儿，县太爷带领差役鸣锣开道前来进香。上完香，一个跑风的探子，忙匆匆的从外边跑来，跪下回事："禀告太爷，城外某处有一平民被杀，身首异处，流血遍地，凶手去向不明。"

县太爷虽明明白白在稍前一时，还亲手抹朱勒了一个斩条，这时节照习惯却俨然吃了一惊，装成毫不知情的神气，把惊堂木一拍，"青天白日之下，有这等事？"

即刻差派员役，城厢各处搜索，且限令出差人员，得即刻把人犯捉来。又令人排好公案，预备人犯来时在神前审讯。那作刽子手的战兵，估计太爷已坐好堂，赶忙从神桌下爬出，跪在太爷面前请罪。禀告履历籍贯，声明西门城外那人是他杀的，有一把杀人血刀呈案作证。

县太爷于是再把惊堂木一拍，装模作样的打起官腔来问案。刽子手一面对杀人事加以种种分辨，一面就叩头请求太爷开恩。到结果，太爷于是连拍惊堂木，喝叫差役"与我重责这无知乡愚四十红棍！"差役把刽子手揪住按在冷冰冰四方砖地下，"一五一十""十五二十"那么打了八下，面对太爷禀告棍责已毕。一名衙役把个小包封递给县太爷，县太爷又将它向刽子手身边掼去。刽子手捞着了赏号……[28]

到了民国：

他便走到人犯身边去，嚓嚓两下，两颗头颅都落了地。见了喷出的血，他觉得这梦快要完结了，一种习惯的力量使他记起三十年前的老规矩，头也不回，拔脚就跑。跑到城隍庙，正有一群妇女在那里敬神，庙祝哗哗的摇着签筒。老战兵不管如何，一冲进来趴在地上就只是磕头，且向神桌下钻去。庙里人见着那么一个人，手执一把血淋淋的大刀，以为不是谋杀犯，也就是杀老婆的疯子，吓得要命，忙跑到大街上去喊叫街坊。

一会儿，从法场上追来的人也赶到了，同大街上的闲人七嘴八舌一说，都知道他是守北门城的老头子，都知道他杀了人，且同时断定他已发了疯……[29]

如果说《建设》中的工人是空间上错位的乡下人，那么《新与旧》中的刽子手就是时间上错位的乡下人。之前，刽子手的演戏假扮所关涉的是，人们发现他是有罪的，并根据已有的条规来加以惩罚，而现在，发现藏在香案下的刽子手后，人们惊慌错乱的反应，则表明随着时代更替，已然发生了心理和道德层面的变化。在传统社会里，即使是合法的砍头也被认为是不公正的，刽子手需要为犯人的死负责。在某种意义上，这是公平的：依法处决犯人；刽子手既因处死犯人而得到惩罚，又因执行法律而获得奖赏。在现代社会里，任何杀戮都被认为是不公正的，何况是为了示众。即使是假扮的犯罪，也被看作是疯癫的。在传统社会里，地方官员像施虐狂，通过对刽子手的污名化，试图摆脱自己的同谋事实。在现代社会里，负责处决的官员则沉溺于把处决犯人变成奇观的表演。二十世纪三十年代，左翼评论家韩侍桁在他的文章《沈从文先生的小说》中这样说："全部地讲，是一些作者偶然感觉着有趣的琐碎无聊的事件；他的目的也就是在把自己对于那件事所感到的趣味再传给读者，因为他所写的材料无论描写得多么细致，对于社会的进展与对于个人在社会上的责任的认识，毫无启示的……"[30]很显然，韩侍桁只是表面地阅读沈从文的作品，并没有深入研究，或者说，他未能理解作品中所蕴含的多重含义。沈从文当然关注他所处时代的社会状况，只不过他避免人们立场的意识形态化，正如我们在《新与旧》中清晰地看到的那样。或者，正如沈从文在给一位诗人的信中所说的那样："一个聪明作家写人类痛苦是用微笑表现的。"[31]

五、《八骏图》

对于沈从文而言，与乡下人相对应的是城里人。《八骏图》就是一篇关于城里知识分子的小说。标题中的"八骏"指的是八位教授，但具有讽刺意味。达士先生是其中一位教授，在海滨城市青岛讲授暑期学校的课程。教员们一同住在达士先生称之为"天然疗养院"的楼房里。他在给未婚妻的信中写道:"我诊断他们都是病人。我说的一点不错,这不是笑话。这些教授中至少有两个人还有点儿疯狂……这些人虽富于学识,却不曾享受过什么人生。便是一种心灵上的欲望,也被抑制着,堵塞着……我将把这些可尊敬的朋友神气,一个一个慢慢的写出来给你看。"[32] 达士先生认为自己有资格成为一名医生,是一个在灵魂和身体上都健康的人。他讲述的故事构成了一幅八位知识分子的速写。

教授甲:

> 房中小桌子上放了张全家福的照片,六个胖孩子围绕了夫妇两人。太太似乎很肥胖。
>
> 白麻布蚊帐里,有个白布枕头,上面绣着一点蓝花,枕旁放了一个旧式扣花抱兜。一部《疑雨集》,一部《五百家香艳诗》。大白麻布蚊帐里挂一幅半裸体的香烟广告美女画。
>
> 窗台上放了个红色保肾丸小瓶子,一个鱼肝油瓶子,一点头痛膏。[33]

以上文字出色地勾勒出了小资产阶级中年知识分子的生

活环境和家具摆设。根据作者的习惯品位与经济状况，我们很快了解到了教授甲的身份：肥胖妻子和六个孩子的正式家庭照，与半裸美女的香烟广告画形成了鲜明对照，暗示出教授甲的现实生活和情爱欲望之间的讽刺性差异。绣着蓝花的白色枕头与《五百家香艳诗》形成鲜明对照，暗示出教授甲的性格中，细腻与粗俗的讽刺性的、模棱两可式的混合。这些差异是他不自然生活方式的产物，进而使他患有肾病和头痛。

接下来作者通过与五位教授的对话，相继给出了教授乙、教授丙、教授丁、教授戊与教授庚的速写，这些对话都被写在信里，以忠实地向其未婚妻做报告。

教授乙有一个妻子和三个孩子，却离开原有的家庭，遗弃了家人。他之所以从不回家，一个人独自生活，只是为了洒脱、方便的生活方式。当他在海滩上与达士先生聊天时，注意到几个女孩穿着泳衣经过。

其中一个穿着件红色浴衣，身材丰满高长，风度异常动人。赤着两只脚，经过处，湿砂上便留下一列美丽的脚印。教授乙低下头去，从女人一个脚印上拾起一枚闪放珍珠光泽的小小蚌螺壳，用手指轻轻的很情欲的拂拭着壳上粘附的砂子。[34]

以一种轻描淡写的方式，沈从文为读者展现了教授乙的性格，这个压抑男人的感官享受，既异常敏感又无从释放的中年人，就像作者手中灵巧摆弄的木偶，而且是一个对周围的一切都非常敏感的木偶。他被红色的泳衣、赤裸着的两脚、湿润的砂子所吸引，这些描绘激活了读者的感官，就像小说中激活了人物角色的感官一样。

教授丙讲述了他以前的同事和一个女人的柏拉图式爱情。故事中的女人害了病，就到医生那里就诊，医生认为她的病是因为与丈夫的不自然关系造成的，于是建议她："发展兽性，自然会好！"后来她终于还是死去了，她的丈夫却又结婚了。当被问及他的爱情观怎样时，教授丙说他太老了，对这个问题没有任何看法；但同时，却对墙壁上的希腊爱神维纳斯的照片看了又看。他转而向达士先生询问班上一个非常漂亮的女孩，说那恰好是他内侄女。然后，他又将目光移向维纳斯的照片。

这里主要以对话形式展开，其中大部分都是关于那对柏拉图式恋人的故事。当作者用弗洛伊德精神分析法，描写教授丙对侄女的心理变化时，教授丙未能完全掩盖自己内心的想法，可以说是半裸着浮出了水面。

另外三位教授，对待女性的态度也都各有各的病态。第七位教授庚，是"天然疗养院"中唯一健康的人。原因在于，达士先生发现：有一个美丽女子常常来到宿舍，拜访教授庚。达士先生在给未婚妻的信中描述了六位生病的教授，却只在日记本中记录了他对教授庚及其女友的印象，这个女孩也吸引着达士先生。大约是为了不让她和她的恋人"害病"，他克制住没去找那个女孩。达士先生打算第二天，即暑期课程结束的那一天，回到未婚妻身边。但当他沿着海滩漫步时，却发现砂上写着："这个世界也有人不了解海，不知爱海。也有人了解海，不敢爱海。"[35] 他继续往前走，看到一双美丽的眼睛画在湿砂上。最后，他决定在海边多住三天。

当达士先生讥讽其他教授的各式病态时，读者也了解到了他真正的神经症本性。达士先生审视其他人的同时，作者也让读者审视达士先生。因此这个故事具有双重讽刺意味，从双重视角来看是易于理解的。像达士先生这样一位主导叙事者（the central intelligence）到底有几分可信？我们能够完全相信他说的吗？尽管如此，作者绝不在小说中显得高人一等，绝不流露出这样的观点：我们的"医生"达士先生，因其痴迷而被看不起。读者可以根据作者描述的对话、姿态和人物，对这个故事慢慢地展开了解；还可以从达士先生未婚妻写给他的信中得知另一个主题："你给我为历史学者教授辛画的那个小影，我已见到了。你一定把它放大了点。你说到他向你说的话，真不大像他平时为人。可是我相信你画他时一定很忠实……这个速写同你给其他先生们的速写一样，各自有一种风格，有一种跃然纸上的动人风格……"[36]

　　沈从文并不擅长描绘城里人。相比而言，他写起乡下人来更游刃有余。他笔下的城里人都是些刻板印象，因为他似乎总是以乡下人的标准来衡量其他人物类型。

六、《边城》

　　中篇小说《边城》，是沈从文为乡下人所构建的理想世界的代表作，这是一个未被现代文明糟践的理想世界。这里，作者的意图是向他的读者呈现他所讲述的故事的印象式背景：风景、城镇，风俗习惯和人，所有这一切都在光与影中和谐地融合在了一起。

　　　　那条河水便是历史上知名的酉水，新名字叫作白河。白河到辰州与沅水汇流后，便略显浑浊，有出山泉水的意思。若溯流而上，则三丈五丈的深潭皆清澈见底。深潭中为白日所映照，河底小小白石子，有花纹的玛瑙石子，全看得明明白白。水中游鱼来去，皆如浮在空气里。两岸多高山，山中多可以造纸的细竹，长年作深翠颜色，迫人眼目。近水人家多在桃杏花里，春天时只需注意，凡有桃花处必有人家，凡有人家处必可沽酒。夏天则晒晾在日光下耀目的紫花布衣裤，可以作为人家所在的旗帜。秋冬来时，房屋在悬崖上的，滨水的，无不朗然入目，黄泥的墙，乌黑的瓦，位置却永远那么妥帖，且与四周环境极其调和……[37]

在这样的世界里，"便是作妓女，也永远那么浑厚""除了号兵每天上城吹号玩，使人知道这里还驻有部队以外，兵士仿佛并不存在"。[38]《三个男人和一个女人》里的雕塑家沈从文，到《边城》中变成了画家，此时他笔下的人物只是速写。他似乎不想深入刻画这些人物：因为他爱他们爱得太过深沉。

白日里，老船夫正在渡船上同个卖皮纸的过渡人有所争持。一个不能接受所给的钱，一个却非要把钱送给老人不可。正似乎因为那个过渡人送钱气派，使老船夫受了点压迫，这撑渡船人就俨然生气似的，迫着那人把钱收回，使这人不得不把钱捏在手里。但船拢岸时，那人跳上了码头，一手铜钱向船舱一撒，却笑眯眯的匆匆忙忙走了。老船夫手还得拉着船让别一个人上岸，无法去追赶那个人，就喊小山头的孙女：

"翠翠，翠翠，为我拉着那个卖皮纸的小伙子，不许他走！"

翠翠不知道是怎么回事，当真便同黄狗去拦着那第一个下船人。那人笑着说："不要拦我！……"

正说着，第二个商人赶来了，就告给翠翠是什么事情。翠翠明白了，更拉着卖纸人衣服不放，只说："不许走！不许！"黄狗为了表示同主人的意见一致，也便在翠翠身边汪汪汪的吠着。其余商人皆笑着，一时不能走路。祖父气吁吁的赶来了，把钱强迫塞到那人手心里，且搭了一大束草烟到那商人担子上去，搓着两手笑着说："走呀！你们上路走！"那些人于是全笑着走了。

翠翠说："爷爷，我还以为那人偷你东西同你打架！"

祖父就说："他送我好些钱，我才不要这些钱！告他不要钱，他还同我吵，不讲道理！"

翠翠说："全还给他了吗？"

祖父抿着嘴把头摇摇，闭上一只眼睛，装成狡猾得意神气笑着，把扎在腰带上留下的那枚单铜子取出，送给翠翠。且说："他得了我们那把烟叶，可以吃到镇筸城！"[39]

《边城》中到处都是如此可爱的人物速写。小说中的人们虽然不幸，但诚实、简单。他们平凡而单纯，像孩子一样仍有待成长，他们的生存方式却是一成不变的。因而，故事读起来让人感觉轻松愉快，好像一剂解药，用以医治惯于现代生活的人所患的疾病。从艺术角度来讲，它不在沈从文的最佳作品之列。但作者喜欢这个故事，也许是出于对渐行渐远的故乡的怀念。在《习题》一文中，他如此为《边城》辩护：

> 这作品原本近于一个小房子的设计，用少料，占地少，希望它既经济而又不缺少空气和阳光。我要表现的本是一种"人生的形式"，一种"优美，健康，自然而又不悖乎人性的人生形式"。
>
> 我主意不在领导读者去桃源旅行，却想借重桃源上行七百里路酉水流域一个小城小市中几个愚夫俗子，被一件人事牵连在一处时，各人应有的一分哀乐，为人类"爱"字作一度恰如其分的说明……[40]

七、《泥涂》

当沈从文在《边城》的题记中，谈到他对乡下人不可言说的温爱时，他这样说道：

我并不即此而止，还预备给他们一种对照的机会，将在另外一个作品里，来提到二十年来的内战，使一些首当其冲的农民，性格灵魂被大力所压，失去了原来的朴质，勤俭，和平，正直的型范以后……我将把这个民族为历史所带走向一个不可知的命运中前进时，一些小人物在变动中的忧患，与由于营养不足所产生的"活下去"以及"怎样活下去"的观念和欲望，来作朴素的叙述……[41]

　　《泥涂》就是关于这些"小人物"的故事。然而，这些小人物有别于我们之前探讨的沈从文作品中的"移居者（transplants）"。在《泥涂》中，一群贫困的人，住在靠近工厂和牢狱的贫民窟里。这里天花流行，很多人因为染上这种疾病而死去。就在这时，本就破旧的房屋被上游工厂排放的污水淹没。贫民窟代表要求工厂监督不要再放水，却遭到拒绝。不久之后，贫民窟又发生了火灾，许多居民无家可归。只有把工厂废水用于灭火，水灾才得以消退。

　　《泥涂》真正的主人公是作为整体的人群。一度，一个女人[1]似乎是小说的中心人物。从小说开头一直到结尾，我们可以看到特意为绊倒她而设置的重重困难：天花、水灾以及火灾。

---

1. 即刘嫂。

小说开头处，她在当铺典当东西，准备换些钱为得了天花而奄奄一息的儿子买药；小说结尾处，我们看到她又站在火灾中死去的张师爷的棺材旁。尽管她看似是小说的中心人物，但在小说中，却并没有得到充分的描写。张师爷这个人物，则几乎是通过其他人物的视角而呈现的，除了要求工厂不要放水这一情节，再没有对他进行正面描写之处，但他却是一个得到更充分展示的人物。他曾是一个农民，一个陆军上士（在革命后失去了职位），在贫民窟是一名帮大家写写东西的知识分子。他是一个瘾君子，因为太穷不能天天抽大烟，只能偶尔在巡长处讨烟灰吃。张师爷总想着帮助别人。起火时他"跑来跑去像疯狗一样"，救小孩，救鸡，救猫，终于死于火灾中。作者没有着重写张师爷，直到他死了。

　　善堂管事的赶来了，一面开他那办事房的门，一面照规矩问来领棺木的人，死人叫什么名字。其中一个就说："名字叫张师爷。"

　　想不到那管事的就姓章，所以很不平的问着："怎么，谁是什么张师爷李师爷？"

　　那人就说："是大家都叫他作张师爷。"

　　管事的于是当真生气了，"这里的棺材就没有为什么师爷预备的，一片手掌大的板子也没有！你同保甲去说罢。我们这里不办师爷的差,这是为贫穷人做善事的机关!"

这管事因为生气了,到后还说:"你要他自己来罢,我要见这师爷一次!"

那陪同善堂管事来的商人,明白是死者师爷两个字,触犯了活的师爷的忌讳了,就从旁打圆儿说:"不是那么说,他们一定弄不明白。大家因为常常要这个人写点信,做点笔墨事情,所以都师爷师爷的叫他。您就写一个张三领棺材一口得了,不然写李四也行,这人活时是一个又随便又洒脱的人,死了也应是一个和气的鬼,不会在死后不承认用一个张三名义领一副匣子的!"[42]

以上文字蕴含着双重的含意:害怕死亡的人,以及即使死后也不被认作独立个体的人。事实上,直到张师爷死的时候,我们对这个人物都知之甚少。沈从文继续描述死去的张师爷:

所谓棺木,就是四块毛板拼了两头的一个长匣子,因为这匣子短了一点,只好把这英雄的腿膝略略屈着,旁边站了一些人,都悄悄静静的不说话。那时祖贵正在那里用钉锤敲打四角,从那个空罅,还

看到这个上士的一角破旧军服……[43]

　　蜷曲在棺材里的腿，以及从棺材空罅看到的一角破旧军服，这两个细节显示出对生死的某种顿悟：这个人的命运就是死亡，即使是在死后，也没有身份，也不得不蜷曲在坟墓中。只有通过棺材空罅所瞥见的军服，人们才想起他是谁：

　　　　妇人回去时，天又快夜了。远远地就听到打锣，以为一定是失火那边他们记起了这个好人，为了救助别人的失火而死，有人帮张师爷叫道士起水开路了，一面走着一面还心里匿笑，这个人死得还排场，死后尚能那么热闹一夜……可是再过去一点，才晓得一切全估计错了。原来打锣的还隔得远咧。妇人站到屋后望着，水荡边的白木匣子，在黑暗里还剩有一个轮廓，水面微微的放着光，冷清极了，那里一个人也没有![44]

　　即使是张师爷的排场，也不过是一场梦幻罢了。由于工业文明的兴起，张师爷所代表的传统社会的一切好与坏，都一去不复返了。无论什么时候，作者对张师爷这个人物的刻画，都是非常到位的。但他并没有将小说集中在张师爷身上。作者如果让张师爷成为小说的主要人物，并且从头到尾都参与天花、洪水和火灾等混乱事件，那么，张师爷这个角色就可以和鲁迅笔下的阿 Q 旗鼓相当了。

第九章

评论二：沈从文小说中的主题、意象与风格

沈从文的文字是自发的：它是广阔的，未经雕饰的，叫人去感觉的，视觉、听觉、触觉、味觉——叫人五官一起用。正是这种文字，诗的文字，他几乎在每一种文学形式中都富有天赋，并愈加娴熟地加以使用。

劳伦斯（D.H.Lawrence）在他最后一本书《启示录》（*Apocalypse*）中，说过这样一段话："我们所需要的是……和宇宙、太阳、大地、人类、国家、家庭，重新建立生机活泼的基本关系。先从太阳开始,其他的就渐渐地、渐渐地发生了……"[1] 沈从文和劳伦斯都认为，人的生命必须适应自然的旋律，现代人的毛病是人和自然失去了和谐。沈从文和劳伦斯世界中的自然，不是哈代（Thomas Hardy）与人为敌的阴沉的自然，而是元气淋漓、生机活泼的自然，和历史、文明、理念都没有关系的自然。"从容地各在那里尽其生命之理"——那就是维持中国人在数千年的战争、变革和自然灾害中活下去的自然生命力。自然充满了活泼的生机，但也可变成毁灭的力量。这另一种自然观，或许可以解释中国人性格的两面性：温和的一面与暴力的一面。如同许多中国卷轴画所呈现的那样，中国人的性格是温和的，喜欢清澈的山溪、风平浪静的水面。然而，在温和以及与世无争的背后，也有狂风暴雨般的野性。沈从文的许多小说写的就是自然人的自然生命力，其他小说则写字面意义上不适应新环境的男男女女，他们被现代文明所玷污。对他们而言，自然是与人为敌的。沈从文最热衷的主题就是，关注丰富、多样的自然，它既是野性的，又是纯真的。

沈从文不仅仅是一位人道主义者，还被称为文体家。苏雪林的评语是："他的文字虽然很有疵病，而永远不肯落他人窠臼，永远新鲜活泼，永远表现自己……无论什么平凡的题材也能写出不平凡的文字……句法短峭简练，富有单纯的美……"[2] 苏雪林的评论或许是赞扬性的，但只揭露出散文作家沈从文取得的表面性成就。批评沈从文的人很少能看出他作品的现代性。他的意象和象征手法很少受到关注，而正是他的意象和象征手法，使得他的文字具有了诗歌的密度与质感。事实上，沈从文的"单纯"和"平铺直叙"，是经过艺术的选择、安排才最终形成的。仅仅认为沈从文的风格简单，而未作进一步阐述是不够的。评论者经常把风格上的难理解性和意义的复杂性等而视之，却忽略了这样一个事实：简单的风格不仅可以拥有意义深度，更重要的是，还可以使作为自己对称面的意义深度隐而不见。批评者选择只在一个层面上去解读沈从文的"单纯"，大概是把它看作一种难得的品质；从这个层面上讲，一切都是简单明白、形式化且直接的。但还有内在的、难以捉摸的另一个层面，有着不可抗拒的吸引力。正是在这第二个层面上，人们发现了意义的复杂性。沈从文的句子有时可能看起来很笨拙，很随意，但它们也因此有了腔调，使主题隐藏在意象中。沈从文自己说过，"文字在一种组织上才会有光有色"。他坚持把自己的写作叫作"情绪的体操"，"一个习惯于情绪体操的作者，服侍文字必觉得比服侍女人还容易。"[3]沈从文的文字是自发的：它是广阔的，未经雕饰的，叫人去感觉的，视觉、听觉、触觉、味觉——叫人五官一起用。正是这种文字，诗的文字，他几乎在每一种文学形式中都富有天赋，并愈加娴熟地加以使用。

沈从文在短篇小说集《阿金》的序言中，很好地阐述了他的写作观：

你们能欣赏我故事的清新，照例那作品背后蕴藏的热情却忽略了，你们能欣赏我文字的朴实，照例那作品背后隐伏的悲痛也忽略了……你们多知道要作品有"思想"，有"血"，有"泪"；且要求一个作品具体表现这些东西到故事发展上，人物言语上，甚至于一本书的封面上，目录上。你们要的事多容易办！可是我不能给你们这个。我存心放弃你们，在那书的序言上就写得清清楚楚。我的作品没有这样也没有那样。你们所要的"思想"，我本人就完全不懂你说的是什么意义……提到这点，我感觉异常孤独。[4]

一、一把野花——《夫妇》

为了治疗神经衰弱症，城里人璜搬到了乡下去住。他听见有人喊叫说捉了一对"东西"！还以为是"捉到了两只活野猪"，他一看原来是捉了两个年轻男女。有些村民围着看热闹，不知是谁还在女人头上插了一把野花，作为恶行的标志。有人向这个城里人解释：有人走过南山，发现那一对年轻人大白天在山坳里撒野，就聚集了村子附近的汉子把人捉来示众。一个醉汉戏弄并侮辱了这对年轻人，又有一个行伍出身军人模样的人出现了，是本地有实力的人物，向城里人炫耀威风，开始盘问那个女子。那女子并不回答，村民们七嘴八舌，场面有些混乱。出于一种对残忍的观赏癖好，大家提出各种处罚的办法："鞭打、用磨子沉潭，或喂尿给男子吃，喂女子吃牛粪"。那被叫作练长的裁判官最后才知道，那一对年轻乡下人原来是夫妇，新婚不久，一同回娘家，走在路上，见天气太好，两人就坐在新稻草堆旁边看山上的花。风吹，鸟叫，他们就想到一些年轻人做的事，就被人捉到了。但知道实情后，练长和醉汉仍然不同意放人。经过璜的说情，当地团总知道了事情的原委，插手干预才把年轻人释放了。这对年轻夫妇离开时，璜让女子将那一把野花留给他作纪念。

对自然的摧残和拯救是这篇小说的潜在主题，正如在其他小说中展现的那样，沈从文并没把精力花费在精心铺叙上，而是将所要表达的都投射在野花这个意象上。

> 到了近身才使他更吓，原来所缚定的是一对年青男女。男女全是乡下人，皆很年青，女的在众人无怜悯的目光下不作一声，静静的流泪。不知是谁还把女人头上极可笑的插了一把野花，这花几乎是用藤缚到头上的神气，女人头略动时那花冠即在空中摇摆，如在另一时看来当有非常优美的好印象。[5]

劳伦斯的《儿子与情人》中也有这一类意象。如保罗和克丽拉两人第一次做爱时，红色的康乃馨花瓣撒了克丽拉一身，撒满了他们躺着的地上。《夫妇》中，年轻新娘头上那一把野花和克丽拉身上的红色康乃馨一样，象征着生命力。那一把野花是小说的基调，在小说里一再出现。它也通过小说中提及的活野猪而得到进一步的扩展和发展，因为两者都是自然界里的"东西"。沈从文笔下的生命力大多以自然和动物作为代表。正如这对年轻男女也被村民叫作"东西"（一种贬低的称呼），他们也是自然之子，因为野花正是他们身上与生俱来的、美妙而野性的客观对应物。

通过作者为村民和城里人选择的词汇，人物的性格特征就被不着痕迹地暗示出来了。当他们谈及被捉来的青年夫妇时，人们的本能反应是"活野猪"和"东西"。作者如此简洁有效地向读者展现出村民和城里人对自然的嘲弄态度。

> 捉来了，怎么处置？捉的人可不负责了。
>
> 既然已经捉来，大概回头总得把乡长麻烦麻烦，在红布案桌前，戴了墨镜坐堂审案，这事人人都这样猜想。为什么非一定捉来不可，被捉的与捉人的两方面皆似乎不甚清楚……[6]

捉拿那一对年轻乡下人的村民代表着习俗，是对古老的儒家思想的愚蠢反映。习俗甚至不了解它们要惩罚的是什么，它的荒谬就在此。

> 男子原先低头，已见到璜的黑色皮鞋了。皮鞋不是他所习见的东西，故虽不忘却眼前处境，也仍然肆意欣赏了那黑色方嘴的皮鞋一番，且出奇那小管

的裤子了。这时听人问他，问的话不像审判官，语气十分温和，就抬头来望璜。人虽不认识，但这人已经看出璜是与自己同情的人了，把头略摇，表示这事所受的冤抑，且仿佛很可怜的微笑着。[7]

"黑色方嘴的皮鞋"象征城市的文明，对乡下人来讲，这是个新奇的东西，但也可以说是个"黑色"的警告。这篇小说中的乡下人又是一个不需要解释，只知微笑的局外人。

璜又看看女人。女人年纪很青，不到二十岁。穿一身极干净的月蓝麻布衣裳。浆洗得极硬，脸上微红，身体硕长，风姿不恶。身体风度都不像个普通乡下女人……[8]

正如这段文字表明的那样，沈从文是一个非常感官化的作家。他把读者带入一个相当超凡脱俗的气氛，然后以一种几乎连珠炮似的方式，来激活读者的各种感觉：女人的那一身打扮不仅叫人看到（月亮的蓝），而且叫人闻到（浆洗得极硬的衣裳一定透着太阳味），摸到（麻布衣裳一定很粗糙）。那些感觉全叫人联想到自然。

有个满脸疙瘩再加上一条大酒糟鼻子的汉子，像
才喝了烧酒，把酒葫芦放下来到这里看热闹的样子，
从人丛中挤进来，用大而有毛的手摸了女人的脸一
下，在那里自言自语，主张把男女衣服剥下，一面
拿荆条打，打够了再送到乡长处去……若非另一个
人扯了这汉子的裤头，指点他有"城里人"在此……[9]

作者为了强调属于自然的欲望是优美的，就像女人头上插
的那一把野花，便用一种经过刺激的肉欲来作对照——喝了
烧酒的汉子，他的满脸肉块、大酒糟鼻子代表着自然的扭曲。
他粗鲁的举止、大而有毛的手、被扯的裤头——那些意象全
象征着肉欲，而那种丑陋的肉欲是受城里文明人的行为规范
所左右的。

一个军人模样的人出现了。大家喊他作练长，是本地有实
力的人。"那行伍中人摹仿在城中所常见的营官阅兵神气"来
看众人。他吆喝人站开，向城里人炫耀威风。他"用手中从
路旁扯得的一根狗尾草，拂那被委屈的男子的脸，用税关中
人盘诘行人的口吻"，盘问那一对年轻男女。

那女子不答，抬头望望审问她的人的脸，又望望
璜。害羞似的把头下垂，看自己的脚，脚上的鞋绣

得有双凤，是只有乡中富人才会穿的好鞋。这时有在夸奖女人的脚的，一个无赖男子的口吻。那练长用同样微带轻薄的口吻问：

"你从那里来的，不说我要派人送你到县里去！"[10]

通过练长，我们感受到礼法的无礼和滥用。象征法律的练长用象征自然的狗尾草来拂那"犯人"的脸，而且也用轻薄的口吻盘问女人，这表示练长不比酒糟鼻的醉汉更善良。那女人望着自己穿双凤绣花鞋的脚——那意象暗示着性爱。代表习俗的村民也受她脚的吸引，这一切所要表达的是法律和习俗的荒谬。

在沈从文构思精巧的小说中，经常可以见到这样的手法，一些看似漫不经心的细节可以而且也确实超越了表层的空洞。璜和练长是同一棵腐烂之树的枝干，分别代表着城市的管制和法律。然而这两个人如同夜晚与白天之别，有着本质的区别。带着党证[1]的璜代表着正在形成中的权力；练长则被投射了法

1.《夫妇》中的一个细节特别重要，"璜皮带边一个党部特别证被这人见到了"（沈从文：《夫妇》，《沈从文全集》第9卷，太原：北岳文艺出版社，2002年，第74页），聂华苓在《沈从文评传》中虽然没有提及，但并不表示她没有注意到，在她的《浅谈沈从文的小说》一文中就专门写到这一细节："练长想和带着党证的璜握手没成，起了小小的反感，不肯释放那一对年青夫妇。"（聂华苓：《浅谈沈从文的小说》，《黑色，黑色，最美丽的颜色》，香港：生活·读书·新知三联书店香港分店，1983年，第147页）有鉴于此，译文将此细节补出。

律的暴戾和有罪不罚的特性。璜虽然来自城市，却并未完全变得像城市一样生硬；练长沉溺于他城里阅兵的记忆，不愿离开指挥他们的营官。璜的性格有些优柔寡断，尽管如此，他向人们提出了法律的概念。每个人都以自己的方式帮助管理机构执行法律——练长代表实施者，璜代表良心。

那练长，做成卖人情的样子，向那年青妇人说：

"你谢谢这先生，全是他替你们说话。"

女人正在解除头上乡下人恶作剧为缠上的那一束花，听过这话后，就连花为璜作揖。这花束她并不弃去，还拿在手里……[11]

作者再一次以其坦诚而细致的笔调，集中到了那一束野花上。年轻的新娘经过了法律、习俗、文明的嘲弄、威胁和虐待后，并没有抗议：她是不可侵犯的。野花还在女人手里，她仍然把握着自然。

独立在山脚小桥边的璜，因微风送来花香，他忽觉得这件事可留一种纪念，想到还拿在女人手中的那一束花了，于是遥遥的说：

"慢点走，慢点走，把你们那一把花丢到地下，给了我。"[12]

野花象征着未知和难以捉摸的生命力，那正是患病的城里人璜所向往、所渴求的青春活力。这是沈从文在自然中的加冕礼。这一瞬间流转不止，就像火炬一样，一人接一人传递下去。在传接的过程中，自然女神散发出她的气味，确证了她的不可侵犯性，并给他人赋以拯救。如果说文明凭其风俗和传统上所占的优势，在裁决断案上会有短视之处，不过它也不会一直是盲目的：总会有一个像璜这样的人来求索更人性化的方法。在这一过程中，乡下人终会获胜，至少在沈从文的作品中是这样，他天使般的笑容将永远存在。

二、唱歌的飞毛腿——《柏子》

沈从文在《湘行散记》里讲到辰河的船夫：

但古怪的是这些弄船人，他们逃避急流同漩水的方法十分巧妙。他们得靠水为生，明白水，比一般人更明白水的可怕处；但他们为了求生，却在每个日子里每一时间皆有向水中跳去的准备。小船一上滩时，就不能不向白浪里钻去，可是他们却又必有方

法从白浪里找到出路……[13]

　　《柏子》写的就是这样一个弄船人，赶到岸上去和他相好的妓女会合。小说分四节[1]:第一节写辰州河岸和桅子上唱歌的弄船人，第二节写柏子和妓女相会，第三节写柏子回到船上，第四节提到船开走了。

　　小说开头有一段关于弄船人的描写，显示出沈从文深厚的描写功底:

　　　　每一个船头船尾全站得有人，穿青布蓝布短汗褂，口里噙了长长的旱烟杆，手脚露在外面让风吹，——毛茸茸的像一种小孩子想象中的妖洞里喽罗毛脚毛手。看到这些手脚，很容易记起"飞毛腿"一类英雄名称。可不是，这些人正是……桅子上的绳索揹定活车，拖拉全无从着手时，这些飞毛腿的本领，有的是机会显露! 毛脚毛手所有的不单是毛，还有类乎钩子的东西，光溜溜的桅，只要一贴身，便飞快的上去了。为表示上下全是儿戏，这些年青水手一面整理绳索，一面还将在上面唱歌，那一边桅上，也有这样人时，这种歌便来回唱下去……[14]

---

1. 沈从文以空行来标示《柏子》不同的节。

150

作者在上面一段开头的文字中，生动而略带调皮地写出了辰州河上的弄船人。那不仅是一段很好的写实文字，还在小说技巧上发挥了其他的功用：暗示小说的主题；营造小说的基调……一切全靠那两条"飞毛腿"。因此，那一整段文字所写的只是弄船人的两条腿：毛茸茸的手脚，妖洞里喽啰的毛手毛脚，带钩子的毛手毛脚，飞毛腿。那些诉诸触觉的具体意象暗示着野兽的欲望：有毛、有钩、又会唱歌的欲望。

歌声一停止，唱歌地方代替了一盏红风灯以后，那唱歌的人便已到这听歌人的身边了……

所以如其他许多水手一样，在腰边板带中塞满了铜钱，小心小心的走过跳板到岸边去了。先是在泥滩上走，没有月，没有星，细毛毛雨在头上落，两只脚在泥里慢慢翻——成泥腿，快也无从了——目的是河街小楼红红的灯光，灯光下有使柏子心开一朵花的东西存在……

门开后，一只泥腿在门里，一只泥腿在门外，身子便为两条胳膊缠紧了，在那新刮过的日炙雨淋粗糙的脸上，就贴紧了一个宽宽的温暖的脸子。[15]

泥腿的各种特写镜头一再出现，泥腿成了活生生的小动物，为小说制造了野性的气息，那就是整篇小说的基调。用电影术语来说就是，一帧帧镜头在象征性语言中得以完成。柏子从河上到女人房中——那一段情节的进展是用泥腿来推动的：从泥里慢慢翻动的泥腿转到一只在门里、一只在门外的泥腿。那两个关于泥腿的不同意象又暗示人物两种不同的心理状态：前者暗示柏子心里欲望的翻动，后者暗示柏子见到妓女时迟疑不决的喜悦，并且引起粗犷强悍的印象。

　　　　进到里面的柏子，在一盏"满堂红"灯下立定。妇人望他痴笑。这一对是并肩立着，他比她高一个头，他蹲下去，像整理橹绳那样扳了妇人的腰身时，妇人身便朝前倾。[16]

　　从风、雨、江波中的一盏红风灯转到满堂红：同样的红，却是两种心情，两个场景，两种气氛。随着从风灯到妓院灯的转变，故事也随之进展。柏子抱着女人向床边倒下去。"灯光明亮，照着一堆泥脚迹在黄色楼板上。"[17]上面两句话自成一段，小说的第一节以此结束。这种简单的描写具有欺骗性，看似简单，实则蕴含深广。泥腿这一特写镜头是小说第一节必不可少的一部分。当该节就要结束，灯光亮起时（作者仍然使用灯作为镜头从一帧到另一帧的转换工具），一堆泥脚迹取代了特写镜头中的泥腿。这儿的泥脚迹就使人联想到野兽的脚迹：那种在夜里出现的，有着如狼似虎般精力与欲望的野兽。

和沈从文同时代的韩侍桁，在《文学评论集》[1]里批评他的作品时，把沈从文和通俗和色情作家张资平相比。韩侍桁认为他们不同的地方是：沈从文所描写的性关系是含蓄的，是暗示的；张资平却完全是显露的。他还说道，沈从文在挑起读者刺激性的本能一点上，比后者更有效。因此，在韩侍桁眼中，沈从文是更"危险"的作家。韩侍桁的话看似在转弯抹角地夸赞，实则是在攻击沈从文，但它也确实点出了沈从文技术上的一种能力：用含蓄、暗示的手法来求得欲想的效果。

小说第二节开始时，作者又提到柏子的脚迹："柏子的纵横脚迹渐干了，在地板上也更其分明。灯光依然，对一对横搁在床上的人照得清清楚楚。"[18]

由湿的泥脚迹转到干的泥脚迹，那两个特写镜头非常有力，也非常隐晦地暗示了床上的情景、时间的转变、人物的转变。第二节大部分是柏子和妓女在床上打情骂俏的对话。

"柏子，我说你是一个牛。"

"我不这样，你就不信我在下头是怎么规矩！"

---

1. 具体来讲是收入《文学评论集》的《沈从文先生的小说》一文。

"你规矩！你赌咒你干净得可以进天王庙！"

"赌咒也只有你妈去信你，我不信！"[19]

这是水上生活的人们无忧无虑的、粗粝的语言。沈从文非常擅长这种语言，他在文章《我的写作与水的关系》中这样说："我文字风格，假若还有些值得注意处，那只因为我记得水上人的言语太多了。"[20] 在上述所引的对话里，甚至昵称都是动物式的，比如妓女说柏子是一条牛。泥脚迹和牛都暗示了柏子的力量和兽性。第二节结尾又是泥脚的特写镜头："柏子的泥腿从床沿下垂，绕了这。腿的上部的是用红绸作就套鞋的小脚。"[21] 下垂的泥腿暗示欲望的松弛，绕着那腿的穿红绸鞋子的小脚暗示欲望的继续。

第三节写柏子打着火把走回船上去，心里回味的是妇人的肉体——"妇人的笑，妇人的动，也死死的像蚂蟥一样钉在心上。"沈从文喜欢用动物的意象暗示欲望。蚂蟥钉在心上，那个"钉"字暗示欲望在人身上的固执、深入、埋伏、尖锐——刺到肉里去：

轻轻的唱着《孟姜女》，唱着《打牙牌》，到得跳板边时，柏子小心小心的走过去，预定的《十八摸》便不敢唱了——因为老板娘还在喂小船老板的奶，听到哄孩子声音，听到吮奶声音。[22]

柏子在床上曾经咬妓女的奶子。现在，又出现了孩子吮着母亲的奶。这两个意象把妓女和母亲联在一起，母亲的奶子是生命的来源，妓女的奶子也是这样：都孕育了生命。这一联想正好证明沈从文谈到水上人时所说的一句话："我觉得他们的欲望同悲哀都十分神圣。"[1] 泥水，奶水，河水，雨水：生命就是一个循环，一切都终将流回它的源头。

小说可以用孩子吮奶那个意象来结束。但是，作者却另起一节，讲到柏子在船开之前，又上了两次岸。有些人认为那个尾巴是不必要的。由于前面的部分已经是不可分割的，并与整篇描写融合成了一个紧凑的整体，读者想知道为什么作者还要追加后面无关的内容，因此这篇小说在结构上是不平衡的，有头重脚轻的毛病。

即便考虑到这篇小说的结构紧凑、心理互动以及几乎让人透不过气的象征风格，《柏子》仍然没有达到像《三个男人和一个女人》那样的高度，嵌入的象征和强烈的主题掩盖了人物的自我意识。所幸的是，即便是最无望的故事材料，在沈从文的妙笔之下，也会获得自己的维度，闪耀出他包罗万象

1.沈从文：《湘行散记》，《沈从文全集》第 11 卷，太原：北岳文艺出版社，2002 年，第 267 页。

的人道主义光芒。

三、小庵堂里桃花——《静》

《静》写了一家逃难的人被困在一个小城里的处境。这家人
的母亲病重躺在床上，大嫂、姊姊到外面卜课去了。小丫头正
在天井洗衣服。十四岁的女孩岳珉和她的外甥北生，一起坐在
破落的晒楼上，看外面的自然世界：石罅里新发芽的葡萄藤，又
清又软的小河，蓝天中的风筝，绣花的草坪，菜园，红墙小庙
里的桃花，还有几匹白马、黄马。他们在晒楼上很开心。然而
在楼下，他们必须面对现实世界：战争和死亡的威胁。当他们又
回到晒楼时，发现自然世界是那么遥不可及。随着他们上楼下楼，
静静的自然生命力与战争、死亡的威胁之间，凸显出小说的戏
剧性。下面几段文字描写的是从晒楼上看到的自然世界：

> 过一会，从里边有桃花树的小庵堂里，出来了一
> 个小尼姑，戴黑色僧帽，穿灰色僧衣，手上提了一个
> 篮子，扬长的越过大坪向河边走来。这小尼姑走到河
> 边，便停在渡船上面一点，蹲在一块石头上，慢慢
> 的卷起衣袖，各处望了一会，又望了一阵天上的风筝，
> 才从容不迫的从提篮里取出一大束青菜，一一的拿

到面前，在流水里乱摇乱摆。因此一来，河水便发亮的滑动不止……

　　洗菜的小尼姑那时也把菜洗好了，正在用一段木杵，捣一块布或是一件衣裳，捣了几下，又把它放在水中去拖摆几下，于是再提起来用力捣着。木杵声音印在城墙上，回声也一下一下的响着。这尼姑到后大约也觉得这回声很有趣了，就停顿了工作，尖锐的喊叫"四林，四林"，那边也便应着"四林，四林"。再过不久，庵堂那边也有女人锐声的喊着"四林，四林"，且说些别的话语，大约是问她事情做完了没有。原来这就是小尼姑自己的名字！这小尼姑事做完了，水边也玩厌了，便提了篮子，故意从白布上面横横的越过去，踏到那些空处，走回去了。[23]

　　我们再次看到沈从文的直接性，非常感官化地、视觉化地描绘场景。单纯的文字本身，就是自然生命力"静"的象征。沈从文的自然世界——桃花、小河、菜园、尼姑名字的回声——每一个生命都是独立的，有其独特的个性，或者说是"差异性"。个性是一切生命的自然形态。而每个生命只有意识到其"差异性"，才和其他生命是调和的。女孩和小男孩喜欢到晒楼上去，因为他们喜欢待在一个差异性和谐地存在的世界里，恰如自然本身那样。下面的文字描写的是"楼下"的世界。

　　到房里去时，看到躺在床上的母亲，静静的如一个死人，很柔弱很安静的呼吸着，又瘦又狭的脸上，为一种疲劳忧愁所笼罩。母亲像是已醒过一会儿了，一听到有人在房中走路，就睁开了眼睛。

　　"珉珉，你为我看看，热水瓶里的水还剩多少。"

　　一面为病人倒出热水调和库阿可斯，一面望到母亲日益消瘦下去的脸，同那个小小的鼻子，女孩岳珉说："妈，妈，天气好极了，晒楼上望到对河那小庵堂里桃花，今天已全开了。"

　　病人不说什么，微微的笑着。想起刚才咳出的血，伸出自己那只瘦瘦的手来，摸了摸自己的额头，自言自语的说着"我不发烧"。说了又望到女孩温柔的微笑着。那种笑是那么动人怜悯的，使女孩岳珉低低的嘘了一口气。

　　"你咳嗽不好一点吗？"

　　"好了，好了，不要紧的，人不吃亏。早上吃鱼，喉头稍稍有点火，不要紧的。"

　　这样问答着，女孩便想走过去，看看枕边那个小小痰盂。病人明白那个意思了，就说："没有什么。"又说："珉珉你站到莫动，我看看，这个月你又长高了！"

女孩岳珉害羞似的笑着，"我不像竹子吧，妈妈。我担心得很，人太长高了要笑人的！"[24]

后来，母女两人谈到梦。母亲捏造梦，说梦到她们上了船；女孩说梦到大船。母女两人猜想会有信来，也许在军中任职的爸爸自己会来接他们。母女两人不着痕迹地互相体贴着对方，从沈从文的写实文字所暗示的弦外之音，读者可以发现两个不同的世界：自然世界——由女孩、小庵堂里的桃花、与女孩有相似之处的竹子代表；死亡与战争的世界——由母亲、母亲咳的血、梦到可以带全家到一个安全地方的船来代表。

小说结束时，女孩听到有人拍门，以为是爸爸来了。可是，过了一会儿，一切又寂静了。

女孩岳珉便不知所谓的微微的笑着。日影斜斜的，把屋角同晒楼柱头的影子，映到天井角上，恰恰如另外一个地方，竖立在她们所等候的那个爸爸坟上一面纸质的旗帜。[25]

这些文字克制而哀婉，是典型的沈从文文风：简单、直接，却寓意深远。这段文字显示了有克制的描写的成功。女孩的微笑具有多重含义：（1）对人物心理的轻描淡写：女孩从晒楼上看到的世界虽遥不可及，却微笑对之；（2）具有讽刺意味的轻描淡写：女孩的微笑与现实（父亲的坟墓）之间的鲜明对照；（3）象征性的轻描淡写：被战争和死亡蹂躏的世界里的女孩微笑，以及父亲坟墓上的纸旗，共同代表着自然生命力。

《静》这篇小说显示了沈从文作为一位意象派、讽刺的结构主义者以及对人物身体和心理刻画的大师的造诣。小说还体现出了他所运用的诗性语言，以及他所描写的蕴含着自然生命力的"静"的象征力量。

四、花狗和毛毛虫——《萧萧》

《萧萧》是一个关于十二岁的乡下姑娘嫁给三岁孩子的婚姻故事。她的丈夫还很小，而她正渐渐地发育成熟。她应做的事是照顾小丈夫，到田里干活。每天，她带着小丈夫到田里去玩，饿了就喂东西给他吃，听他唱花狗教的情歌。花狗是家里雇的工人。年轻的萧萧不太明白歌词的意思。花狗以她照样不太明白的方式跟她调情。然而，当她年纪大一点时，就开始明白，花狗通过和她丈夫一起玩来接近她，要她听他唱那使人红脸的歌。一个春日，萧萧终于就给花狗变成了妇人。后来，当花狗发现萧萧怀孕时，就跑掉了。萧萧不欢喜肚子里长出一个东西的事实，也想逃走。但还没动身，她的秘密就被婆家人发觉了。家里人觉得这是件丢脸的事情，决定发卖萧萧再嫁给别人，不再让小丈夫同她在一处。因为没有相当的人家来要萧萧，她就仍然在丈夫家住下。渐渐地，大家对这件事也释然了，就仍旧如月前情形，姊弟俩有说有笑地过日子了。萧萧生了一个儿子。当她正式同丈夫拜堂圆房时，儿子年纪已经十岁了。后来她的儿子十二岁时也娶了一个十八岁的女孩做媳妇。

《萧萧》这篇小说写自然的纯真无辜，与儒家社会形成鲜明对照。作者使用的风格与他的主题相适应：一种富于自然意象和隐喻的平铺直叙。显然，作为萧萧情人的花狗，代表着动物的欲望。萧萧被描述为"像一株长在园角落不为人注意的蓖麻；大叶大枝，日增茂盛"。同时，"婆婆虽生来像一把剪子，把凡是给萧萧暴长的机会都剪去了，但乡下的日头同空气都帮助人长大，却不是折磨可以阻拦得住"。[26]

> 见了花狗，小孩子只有欢喜，不知其他。他原要
> 花狗为他编草虫玩，做竹箫哨子玩，花狗想办法支
> 使他到一个远处去找材料，便坐到萧萧身边来，要
> 萧萧听他唱那使人开心红脸的歌。她有时觉得害怕，
> 不许丈夫走开；有时又像有了花狗在身边，打发丈夫

走去反倒好一点。终于有一天，萧萧就这样给花狗把心窍子唱开，变成个妇人了。

那时节，丈夫走到山下采刺莓去了，花狗唱了许多歌，对萧萧说他这两年经常为她睡不着觉。他又说他赌咒不把这事情告给人。听了这些话萧萧仍然什么都不懂。末了花狗又唱了许多歌给她听。萧萧要他当真对天赌咒，赌过了咒，一切好像有了保障，她就一切尽他了。到丈夫返身时，**手被毛毛虫蜇伤**，肿了一大片，走到萧萧身边。**萧萧捏紧这一只小手，且用口去呵它，吮它**，想起刚才的糊涂，才仿佛明白自己做了一点不大好的糊涂事。[27]（粗体为作者所加）

这是沈从文写得最好的文字之一，语言简洁而细致入微。小丈夫那被毛毛虫蜇伤的手，是一个象征着纯真和动物本性的高超意象。萧萧因与花狗发生关系而感到内疚，因此试图抚慰她丈夫受伤的手，这是她应该承担的责任。

她尝试了一切她所想到的办法都没有能够使她同自己不喜欢的东西分开。只有她的丈夫一人知道她大肚子的事情，但他却不敢告诉他的父母。他对她的怕同爱，比对父母的还深切。

　　她还记得花狗赌咒那一天里的事情，如同记着其他事情一样。到秋天，**屋前屋后毛毛虫都结茧**，成了各种好看蝶蛾，丈夫像故意折磨她一样，常常提起几个月前被毛毛虫所螫的旧话，使萧萧心里难过。她因此极恨毛毛虫，见了那小虫就想用脚去踹。[28]（粗体为作者所加）

　　沈从文再次以如此自然而细腻的方式描写毛毛虫，既象征着内疚，又象征着欲望。这是作者流畅的散文体风格的另一个例子，增一字则多，减一字则少。是一位散文作家写的诗歌。

　　她的儿子十二岁时也接了亲，媳妇年长六岁……这一天，萧萧抱了自己新生的月毛毛，在屋前**榆蜡树**篱笆看热闹，同十年前抱丈夫一个样子。[29]（粗体为作者所加）

　　最后，萧萧的一切问题都得以解决。就像《夫妇》中的新娘一样，即使经过侮辱、指责、惩罚和沉潭的死亡威胁，仍然完好无损，未受亵渎。榆蜡树和新出生的婴儿暗示着自然生命力，萧萧不仅跟自然的生命力有亲和性，自然也使她保持了完好无损的状态。无论是就小说人物，还是对更广泛意义上的人类来说，都是如此。但小说还没结束，萧萧的儿子便与一位大他六岁的女孩结婚了。这说明人类的故事是周而复始的。萧萧是一个比《边城》中的乡下女孩翠翠更现实的人。或许，萧萧是纯真无辜的化身，而翠翠则是沈从文笔下的理想人物。前者并不完美，但真实；后者完美，但不真实。

五、石峒里的蓝色野菊花——《三个男人和一个女人》

《三个男人和一个女人》是沈从文最好的小说之一，在多个不同方面都是一流的：紧凑的结构，人物的刻画，内嵌而有机的象征，不可亵渎的主题。前一章讨论了这篇小说中的人物。现在，我们来探讨小说的主题、意象和风格。

小说开头时，作者写到有一营队伍在雨中行军。

队伍走了四天，到了我们要到的地点。天气是很有趣味的天气，等到队伍已经达到目的地，忽然放了晴，有太阳了。一定有许多人要笑它，以为太阳在故意同我们作对。这我们可管不了许多。我们是移到这里来镇防的，原来所驻的部队早已走了，把部队开来补缺，别人做什么无聊事我们要继续来做。[30]

前边的段落描写落雨，增强了故事荒谬、无聊的气氛，这段暗示了自然的不可预测性和死亡的必然性。作者继续暗示死亡是什么样的。兵士们在杨家祠堂里扎营，号兵在祠堂前面的石狮上吹了一通问答的曲子。沈从文这样描写这一场景：

在街的南端，来了两只狗，有庄伟的身材，整齐的白毛，聪明的眼睛，如两个双生小孩子，站在一些人的面前。这东西显然是也知道了祠堂门前发生了什么事情，特意走来看看的。

这对大狗引起了我们一种幻想。我们的习惯是走到任何地方看到了一只肥狗，心上就即刻有一股杀机兴起，极难遏止的。可是另外还有更使人注意的，是听到有一个女子的声音喊"大白，二白"，清朗而又脆弱，喊了两声，那两只狗对我们望望，仿佛极其懂事，知道这里不能久玩，返身飞跑去了。[31]

两只大白狗的出现并不突兀，叙述者内心引起的杀机也不突兀。在象征的意义上，狗代表着死亡。同时，两只狗又那么懂事，那么有人性。也就是说，狗是矛盾的象征物，它们代表了死亡的兽性和死亡的吸引力。它们听到姑娘的喊声就跑开了：那个"清朗而又脆弱"的女子声音所象征的爱情是和并不可怕的死亡有关联的。作者没有夸张，却已暗示出小说的主题：爱情与死亡。

这两只狗不吃两个兵士给的东西，却吃年轻的豆腐铺老板喂给它们的。

> 时间略久，那两只狗同我们做了朋友，见我们来时，带着一点谨慎小心的样子，走过豆腐铺来同我们玩。**我们又恨这畜生又爱这畜生**，因为即或玩得很好，只要听到那边喊叫，就离开我们走去了。[32]（粗体为作者所加）

这段文字描写两位兵士对死亡的矛盾态度。与豆腐铺老板不同：他们和狗是互相吸引的。考虑到狗与女孩的密切关系，因此通过象征死亡的狗，豆腐铺老板与女孩联系在了一起。作者极其巧妙地将乡下人推向了他的厄运，推向了他与死亡的结合。

> 这时那个姑娘走出门来，站在她的大门前，两只白狗非常谄媚的在女人身边跳跃，绕着女人打转，又

伸出红红的舌头舔女人的小手。[33] (粗体为作者所加)

再一次，作者完美地唤醒了小说中潜在的黑暗力量。真切具体的象征有很多：红色的舌头舔着小手，狗围着女孩打转。小说的场景及其对人物厄运的暗示并不可怕，死亡一触即发。在小说结束时，女孩吞金自杀。她的尸身从坟墓里被人挖走；豆腐铺老板也消失了。"这少女尸骸有人在去坟墓半里的石峒里发现，赤光着个身子睡在石床上，地下身上各处撒满了蓝色野菊花……"[34]

石峒、赤裸的少女身子、蓝色野菊花那些自然的象征，表示爱情和死亡在自然中结合了。

第十章
审查和沉默

沈从文的身体略微恢复以后，不知是出于什么人的努力，他有些不情愿地在大学复职了。

沈从文知道这一新的安排是不稳定的，因为北京大学中国文学系的课程表中已经取消了他所讲授的课程。

抗日战争结束后，国民党和共产党代表开始了和平谈判。共产党势力日益壮大，获得了更广泛的支持……1948 年 12 月，共产党部队包围了北平。在围困期间和城市解放之前，沈从文的一名学生写信询问他对政治僵局的看法。他如此回复道：

　　　　目前这个政府，在各方面瘫痪腐朽，积重难返。我们这一代的文人，从"五四"时候起，握着一支笔，抱着"科学"与"民主"精神，努力了二三十年，在文化工作上，也算尽了力量。以后的新社会，还待你们青年朋友努力创造。不管政治怎样演变，新国家的建设，总要依靠你们诚恳踏实的青年人。你问起时局，是不是有走动的意思？照我看来，逃避也没有用。不过既然留下，就得下决心把一切从头学起，若还像从前一样，作小书呆子，恐终不是办法。[1]

随着 1949 年 2 月 1 日北平解放[1]，北京大学墙上的大字报开始热闹起来。激进学生将这些墙称为"民主墙"，专门表达不同意见。在不受这些激进学生欢迎的人和单位的笔迹潦草的大字报中，就有抨击沈从文的。其中火力最猛的一篇，转抄自全国人民代表大会常务委员会副委员长郭沫若的一篇文章[2]，给沈从文贴上了"桃红色作家"的标签——一种充满情色暗示的贬称。其他大字报也痛骂沈从文是一个没有"立场"的"娼妓作家"，并指责他的"落伍意识"。

沈从文的信箱塞满了恐吓信，以及令人不安的子弹素描。沈从文受到的抨击持续不断，残酷无情。甚至在北平解放前，沈从文已经开始将私人藏书赠送给朋友和学生，他说道："我这个人也许该死，但是这些书并没有罪过，不应该与我同归于尽。"[2]

围城结束，中国共产党进驻北平。当北平已经准备好迎接新政权时，留给她的是一份不稳定的停战协议[3]……时局的动荡使沈从文筋疲力尽，处于精神崩溃的边缘。在那时，任何抵

1. 1949 年 1 月 31 日，北平宣告和平解放。

2. 即《斥反动文艺》，发表于 1948 年 3 月的《大众文艺丛刊》第一辑。不过发表此文时，郭沫若并不是全国人民代表大会常务委员会副委员长。

3. 指《关于北平和平解决问题的协议书》。

抗看起来都是鲁莽的，因此他搬到了郊外清华大学提供的临时住处[1]，对此他充满感激之情。等他恢复得差不多时，全家又搬回了北京。那里的情况没有改变，对沈从文的攻击仍在持续。政治委员会派专员"劝告"沈从文"清洁"自己的思想。很快，在北京大学的宿舍和饭厅里，传闻着沈从文自杀未遂的消息。马逢华——沈从文曾经的学生，华盛顿大学经济系助理教授，1953年春这样写道：

> 我事后到沈家探询，才知道沈从文吞服了煤油，并且用利器割伤了喉头和两腕的血管。自杀并未致命，但是一连好几天，昏迷不醒，住在翠花胡同北大文科研究所斜对面那家小医院里……我看到沈夫人时，她容色惨淡，说"最好大家都不要去看他，让他多休息几天"。听说沈在病房里面一直认为自己是在牢狱中。"清醒"的时候，拼命在病床上写东西，并且一再叮嘱沈夫人去请汤用彤先生设法把他营救出来。

> 出院以后，沈的身体极坏，有一次我去看他，他的面目浮肿，鼻孔出血不止。他很难过地说："叫我怎么弄得懂？那些自幼养尊处优，在温室中长大，并

---

1. 梁思成邀请沈从文到清华园小住，以缓解精神紧张。

且有钱出国留学的作家们，从前他们活动在社会的上层，今天为这个大官做寿，明天去参加那一个要人的宴会……我这个当过多年小兵的乡下人，就算是过去认识不清，落在队伍后面了吧……为什么老是不明不白地让手下人对我冷嘲热讽，谩骂恫吓？共产党里面，有不少我的老朋友，比如丁玲，也有不少我的学生……比如何其芳[3]，要他们来告诉我共产党对我的意见也好呀，到现在都不让他们和我见面。[4]

沈从文的身体略微恢复以后，不知是出于什么人的努力，他有些不情愿地在大学复职了。沈从文知道这一新的安排是不稳定的，因为北京大学中国文学系的课程表中已经取消了他所讲授的课程。他的降职发生了讽刺性的转变，被分配在北平历史博物馆[1]做小职员，主要职责是填写古物标签。新政权已经决定让他不受打扰，至少目前如此。

不久，沈夫人开始在华北大学学习改造。她已成为组织的朋友——这是入党前的必要步骤。沈从文的两个儿子已经在学校分别加入中国共产主义青年团和中国少年先锋队（共青团组织旨在促进政治思想认识和运动）。作为一家之主的沈从

---

1. 沈从文于 1949 年 8 月转入北平历史博物馆工作，此馆之后先后更名为北京历史博物馆、中国历史博物馆等，现为中国国家博物馆。

文，在家人面前也显得落伍了。马逢华如此描述沈从文当时的困惑：

> 这段时期，恐怕也是沈从文精神上最痛苦的时期。那时沈夫人住在"华北大学"，沈从文整天在博物院工作、学习、检讨。晚上回到寓所，服侍两个小团员队员入睡之后，常常深夜独坐，听古典音乐唱片。有天晚上，我陪着他听音乐，他像从梦中醒来似的说："我这副脑子整个坏了，僵硬了，一点没有用处。只有当我沉湎在音乐里面时，才又觉得恢复了想象能力，（他真是像在做梦一样）——有时我好像又回到了从前在湖南乡下的时候。我可以听见小河里流水的响声，闻到草地上青草的腥味，听见蚱蜢振翅的小小噪音……我好像重新充满了创造力。有时候，一个晚上我能写出很多东西来，第二天再把它们撕掉。"[5]

1950年秋天左右[1]，沈从文心怀疑虑地到华北人民革命大学政治研究院接受思想改造，但成绩却仅仅勉强及格，对他的调查还远未结束。1951年，丁玲凭《太阳照在桑干河上》获

---

1. 确切时间是1950年4月。

得斯大林文学奖二等奖。她邀沈从文为《人民文学》期刊写稿子，他答道："我和现在的文艺刊物已经脱了节，你最好先找两篇近来发表的像点样子的文章给我看看，然后才好写。"丁玲同意了。后来，沈从文的文章《我的学习》[1]于 1951 年 11 月 19 日至 21 日，由香港出版的《大公报》连载。

在《我的学习》中，沈从文进行了自我批评，并分析了共产党在中国成功的原因。他强调自己过去的行伍生涯，以及拒绝参与当下的政治斗争，在共产党看来都是错误的——因为对党来说，"政治高于一切"，"一切从属于政治"，以及"文学艺术必从属于政治，为广大人民利益服务"：

> 过去二十年来，个人即不曾透彻文字的本质，因此涉及文学艺术和政治关系时，就始终用的是一个旧知识分子的自由主义观点立场，认为文学从属于政治为不可能，不必要，不应该。且以为必争取写作上的充分自由，始能对强权政治有所怀疑否定，得到健全发展和进步的。即因此孤立的、凝固的用笔方式，对旧政治虽少妥协，但和人民革命的要求，不免日益游离，二十年来写过许多文章，犯过不少错误。[6]

1.《我的学习》首先于 1951 年 11 月 11 日在《光明日报》发表，后来又刊载于 11 月 14 日的上海《大公报》，以及 11 月 19 日到 21 日的香港《大公报》。

沈从文说，他对政治的理解受到历史的影响。在过去，政治对他来说意味着专制霸道，因为他在军阀时期见了太多残忍的杀戮、腐败和官僚主义。二十岁之前，他所理解的政治是一种使人恐怖、厌恶的现实存在。他承认：

> 一面是不明白流行在文学运动中"政治高于一切"对人民革命的意义，另一面却承认同享共有的进步社会理想是哲学也是诗。一面对旧政治绝望，另一面对于新的现实斗争又始终少认识，少联系。因此，也使我的工作，和广大人民，和社会革命的变动需要，终于日益隔离。特别是在写作中忽本质而重形式，以及结合自由主义原则的用笔习惯，廿年来无形中即成为旧社会知识分子群伪自由主义者一个工具，一种典型。对人民革命为无助，而对于旧国民党的封建统治的继续，反而有利。从"九一八"以来，旧知识分子教授中，卖身于四大家族大饭团[7]，点缀到这个大饭团政治崩溃前夕局面的一群，由于社会习惯的联系，我的行为完全近于为这一小撮败类张目，而对人民革命为有害。[8]

沈从文尤其是对自己的写作进行了批评：

　　一九二八年以后，我生活转入了学校，和当时
以英美系争民主自由的人发生深一层联系，工作态
度上虽还照旧，生活方式却逐渐变质，成了个半知
识分子。一面是社会接触面不出同事和同学，一面
是读书范围越杂乱。写作精力正旺盛，而新出版业
方兴起，读者群展开到了学校以外的现代企业中，
工作受刺激和鼓励，我成了一个写短篇的热闹人。
二十年来大部分作品多产生于这个时间内。一部分
作品，虽比较具进步性，另一部分作品，却充分反映
出一个游离知识分子的弱点，文字华丽而思想混乱，
有风格而少生命。大部分是无助于人民革命，对年
青人前进意志，更容易形成麻痹和毒害效果的。特
别是用佛经故事改造的一些故事，见出是我的杂学
的混合物。佛教的虚无主义，幻异情感，和文选诸
子学等等的杂糅混合，再发展即成为后来的《七色
魇》等极端病态的、邪僻的、不健康的格式，而促
成这个发展的，还显然有佛洛依德、乔依司等等作
品支离破碎的反映。[9]

沈从文还说到他对"集体主义"有了更透彻的理解，文章结尾处，他歌颂从新时代学到的东西，强调他对新中国诞生的深情。可能是由于被认为思想改造成功，在华北人民革命大学政治研究院学习了十个月后，他又回到北京历史博物馆[1]做原来的工作。

1956 年 2 月，在共产党第二十届代表大会[2]上，沈从文发表了以下检讨：

我是个旧知识分子，过去许多年来曾经从事小说写作，本来来自人民队伍中，由于工作小有收获，就自高自大，正和农民中的单干户一样，什么都不加入，远离人民群众的斗争，思想意识因此逐渐被半殖民地化的资产阶级观点腐蚀俘虏，写作态度和倾向，越来越要不得，使得许多年青读者，发生逃避现实安于现状的坏影响。我却空守着一种虚伪的自由主义，以为绝不受蒋介石利用。事实上缺少阶级立场，不能分清敌我的写作态度和作品倾向，就最适宜于点缀蒋介石回光返照的政权，对人民事业

---

1. 此时，北平历史博物馆已更名为北京历史博物馆。

2. 原文为 the Twentieth Grand Conference of the Communist party，意为中国共产党第二十届代表大会，经查有误，应为 1956 年 1 月 30 日到 2 月 7 日召开的中国人民政治协商会议第二届全国委员会第二次会议，沈从文以特邀委员的身份出席并发言。

没有丝毫好处。北京解放，才把我从空头作家的错误发展中挽救过来。

　　解放后，我的工作转到文物研究方面。虽然在党的长期教育帮助和鼓励下，学习用新的工作来为人民服务，但是由于搞的是物质文化发展史中的工艺部门，牵涉问题格外多，我的政治思想水平既低，史部学根柢又浅，单干户的老毛病也还未去尽，因此工作总是周折多，问题多，经不住检验。能完成的工作远远落后于社会要求……

　　过去三十年来，我是不相信有个什么政党能够把中国一下搞好的。[……]1 对于蒋介石独裁腐败透顶的政权，虽预料它必然要倒坍，但是用什么政权来代替，从没认真分析考虑过。提到"人民解放"和"个人思想改造"，我都难于理解……[10]

沈从文的发言接着——列出新政府的许多成功之处。最后他说：

　　我相信了共产党。我一定要好好的向优秀党员

1　聂华苓原文并未标注省略，省略了如下文字："我和许多人一样，又极其幼稚胡涂的认为中国如有个英美式的议会民主制度，一大群科学家专家分布在各项工作中，就可望慢慢的把中国纳入正轨。"

看齐，加强学习马克思列宁主义和毛主席的著作……
经常检查自己，努力作一个毛泽东时代的新知识分
子，把学到的一切有用知识，全部奉献给国家……
还要努力恢复我荒废已久的笔，来讴歌赞美新的时
代、新的国家和新的人民。[11]

无论喜欢与否，沈从文被选定成为一种"展示品"，大众
无论宽容还是嘲讽，他都得表示服从。沈从文已经有八年的
时间没有发表文学作品了……可能是由于他的公开自我批评，
在《中国丝绸图案》（该书选编了自战国至清末的丝绸图案，
由沈从文和王家树共同编写）出版后1，这位曾经误入歧途的作
家获准出版《沈从文小说选集》，由人民文学出版社出版。即
便如此，这个选集中的许多小说也都经过了大幅修改，不仅为
了可以通过审查，更为了被这个时代的读者所接受……这不
禁让他想起了年轻时在部队中受人驱使的经历。从表面上看，
修改工作似乎微不足道……比如说，沈从文 1936 年写的短篇
小说《生存》。它讲述了一个年轻人离开家乡来到北京后，作
为艺术家为维持生计而奋斗的故事。在一个极有感染力的场
景中，我们看到他因为饥饿而抓狂。当其他房客准备吃晚饭时，

---

1. 从出版时间看，《沈从文小说选集》出版于 1957 年 10 月，《中国丝绸图案》出版于
1957 年 12 月，《中国丝绸图案》的出版晚于《沈从文小说选集》。

他出于自尊心而上街散步。在黑暗的街道上闲逛时，他想起了家中生病的妻子。在编辑时，这一处作了这样的改动："他自己就还有一个妻，同在小学里教过书；**只因为不曾加入国民党，被人抢去了那个职务**。现在赋闲居家，又害了痨病，目前寄住在岳家养病，还不知近来如何。"[12] 粗体字是改编时加的。通过这种方式谴责国民党的腐败无能，以此反映该党对失业状况和人民健康的不负责任。

1934年版的《过岭者》的原始版本中，有部分内容被当时的审查者删除了，那一次是国民政府所为。小说叙述了国共战争中一位年轻通讯员（新版本）或特务员（原版修订版）执行任务和牺牲的过程，这位年轻的通讯员被派去向山上的同志传递重要文件。途中，他看到一只杜鹃从头顶飞过，"似乎知道这毛竹林里的秘密，即刻又飞去了"。这个通讯员骂道："你＊＊＊，好乖觉，可以到＊＊＊去作侦探……"[13]

以星号代替的词语指的是南京国民政府。由于这一对白含有针对当时执政政府不利的粗话，所以被删除了一些词语，沈从文非常机灵地用星号代替。故事的第一版被大量改动，以至于修订后的句法结构不够明晰。在1957年的新版本中，年轻人所说的粗话被印刷出来："你娘个鸟的，好乖觉，可以到南京去作侦探，一个月拿薪水二百五！"[14]……

《过岭者》中，在主人公牺牲前，原来的二十名通讯员中已有九人被敌人杀害；新补充的队员未经充分训练，就要承担前人的战斗任务……

《中国丝绸图案》和《沈从文小说选集》之后，沈从文于1958年11月份出版了《唐宋铜镜》。这本书收录和印制了从战国时期到唐、宋、清的大量铜镜图片，尤其集中于唐、宋铜镜。

沈从文在博物馆的工作并不全是浪费时间和精力。对他来说，文物研究是对当时政治处境的一种缓冲。况且，沈从文早年从军的那个时期就接触过文物，并未丧失对文物的痴迷。不少作家，尤其是散文作家都找到了第二职业，诸如为学术期刊做注释、为名著写介绍……沈从文在事实上成了博物馆的馆长。[1] 早在1936年，沈从文就写了具有自传意味的短篇小说《主妇》，以庆祝他的婚事，曾经的部队司书写出了他的文物之爱。小说中的年轻新娘说道："你这是什么意思？顶喜欢弄这些容易破碎的东西，自己买来不够，还希望朋友也买来送礼。真是古怪脾气！"[15] 她的丈夫回答："一点不古怪！这是我的业余兴趣。你不欢喜这个青花瓶子？"他继续自我陶醉地说："一个人都得有点嗜好，一有嗜好，总就容易积久成癖，欲罢

1.事实并非如此，沈从文并未担任过类似博物馆馆长的职务。根据沈虎雏编《沈从文年表简编》，沈从文1949年8月调入北平历史博物馆（后更名为北京历史博物馆、中国历史博物馆）后，在陈列组、文物收购组、出版组等部门工作，1952年起一直到1978年3月调入中国社会科学院历史研究所，职称一直是副研究员。

不能。收藏铜玉，我无财力，搜集字画，我无眼力，只有这些小东小西，不大费钱，也不是很无意思的事情。"[16]

沈从文对这位雄辩机智的收藏家的刻画，如同狂欢节所呈现的事物一样，耀眼炫目、五彩斑斓：

> 他呢，是一个血液里铁质成分太多，精神里幻想成分太多，生活里任性习惯太多的男子。是个用社会作学校，用社会作家庭的男子。也机智，也天真。为人热情而不温柔，好事功，却缺少耐性。虽长于观察人事，然拙于适应人事。爱她，可不善于媚悦她。忠于感觉而忽略责任。特别容易损害她处，是那个热爱人生富于幻想忽略实际的性格，那分性格在他个人事业上能够略有成就，在家庭方面就形成一个不可救药的弱点。他早看出自己那点毛病，在预备结婚时，为了适应另外一人的情感起见，必须改造自己。改造自己最具体方法，是搁下个人主要工作，转移嗜好，制止个人幻想的发展。他明白玩物丧志，却想望收集点小东小西，因此增加一点家庭幸福。[17]

回过头看，《主妇》以其付之一笑的讽刺，给我们留下了深刻的印象。在事实与虚构、收藏家和文学创作者之间，读者尝试在两者之间建立起某种事实上并不存在的松散联系。尽管并非总是如此，但我们不也曾经将一位作家的其人其事，与他所写的我们所认为的自传性小说中的人物、事件联系起来吗？而一旦事实与虚构之间的情形对上了号——尽管这种对号是要依情形而定的——我们不就自以为得到了确证吗？然而，《主妇》并不像我们一般所想的那样，是一篇真实的自传小说……

1961 年 12 月，沈从文和另外九名作家，随中国作家协会组织的参观团前往江西井冈山，那是二十世纪二十年代末中国工农红军建立第一个革命根据地的地方。在这次旅行中，沈从文用一种古典诗歌的形式，写了五首五言律诗。这些诗歌在 1962 年春天发表，与其他同行作家情感鲜明的作品相比，它们在当时新中国的诗歌中显得相当含蓄。

下面是沈从文的新作中之一句：

白头学作诗，温旧实歌今。

——《下山回南昌途中》[18]

现在，沈从文的笔调，怀旧多于赞美。《过节和观灯》等一系列散文在 1963 年发表，他再次采用怀旧的主题，惋惜国家重建过程中农业的衰落，并主要讲述了新庆典活动中的特色灯笼是过去时代的遗物、民俗文化的遗产。沈从文引用了一首宋代关于乐舞队舞者的词 [1] 并写道：

> 写的虽是八百年前元夜所见，一个小小乐舞队年轻女子，在夜半灯火阑珊兴尽归来时的情形，和半世纪前我的见闻竟相差不太多。因为那八百年虽经过元明清三个朝代，只是政体转移，社会变化却不太大。
>
> 至于解放后虽不过十多年，社会却已起了根本变化，我那点儿时经验，事实上便完全成了历史陈迹，一种过去社会的风俗画。边远小地方年轻人，或者还能有些相似而不同经验，可以印证，生长于大都市见多识广的年轻人，倒反而已不大容易想象种种情形了。[19]

在《过节和观灯》的每一个章节中，沈从文都细致入微地讲述了古老中国的农耕传统文化。他的文学风格一如既往地清新而有节奏，他的批评立场也是坚定的……在这个成千上万人都向往着工业化的时代中，他没有什么地位，只是一个依随性情的乡下人。

1.即吴文英《玉楼春·京市舞女》的上阕："茸茸狸帽遮梅额，金蝉罗翦胡衫窄。乘肩争看小腰身，倦态强随闲鼓笛。"

1949 年后，再没有任何关于沈从文新小说的记录。现在，六十九岁的他站在文学消亡的边缘。正如他在《过节和观灯》（1963 年）中承认的那样，他的"记忆力日益衰退……"[1]。至于剩下的有关世界，他只能听天由命了。《不死日记》（1928 年）这篇文章预示了他的现状："对文学，自己是已走到了碰壁时候，可以束手了吧。"[20]

从象征性的意义，甚或字面的意义上，他已经做到了这一点。他的自我克制证实了鲁迅的话："世间大抵只知道指挥刀所以指挥武士，而不想到也可以指挥文人。"[21]

作家兼学者的沈从文，后半生精神上过着流亡的孤独生活……

1. 沈从文：《过节和观灯》，北京：《人民文学》，1963 年 4 月，第 42 页。

第十一章

结　语

对于那些批评家来说，未经雕琢的宝石这一比喻，可能意味着沈从文是一位『写实主义者』或『自然主义者』。而他们却忽略了他也是一位象征主义者，也忽略了作为作家的他所创造的乡下人形象预示着文学中现代异化人的出现。

本书中探讨的小说都是沈从文的经典作品。他写的其他许多作品同样也值得探讨，比如《丈夫》《生》《夜》《旅店》《贵生》《黔小景》《主妇》《三三》《大和小阮》等，这里仅举其中几例。因篇幅所限，我们不可能在这里展开长篇大论。然而，我仍然想提几部作品来说明沈从文的写作主题、叙事风格和人物的多样性：例如《月下小景》，它是一组源自佛经故事的寓言；《神巫之爱》，是一篇描述中国边地民族的中篇小说；《阿丽思中国游记》，是一部借鉴了《爱丽丝梦游仙境》的长篇小说。不过，短篇小说是沈从文最擅长的文体。在《阿丽思中国游记》的后序中，他坦承该书的失败："我不能把深一点的社会沉痛情形，融化到一种纯天真滑稽里，成为全无渣滓的东西，讽刺露骨乃所以成其为浅薄……"[1] 另一位现代作家苏雪林在她的《沈从文论》一文中，批评了《神巫之爱》：

"故事是浪漫的，而描写则是幻想的。特别对话欧化气味很重，完全不像脑筋简单的苗人所能说出……又苗族男女恋爱时喜作歌辞互相唱和……不意在沈从文笔下写来，却都带着西洋情歌风味……"[2] 沈从文和苏雪林的言论都很有道理。

即便是作为短篇小说家，沈从文的作品也不像人们希望的那样完美无瑕。他偏好"平铺直叙"的笔法，引得人们批评他是一个散漫的、"结构不谨严"的作家，这些批评有时看起来是合情合理的。或许是出于自我辩护，他在《石子船》的后记里说：

> 从这一小本集子上看，可以得一结论，就是文章更近于小品散文，于描写虽同样尽力，于结构更疏忽了。照一般说法，短篇小说的必需条件所谓"事物的中心""人物的中心""提高"或"拉紧"，我全没有顾全到。也像是有意这样做，我只平平的写去，到要完了就止，事情完全是平常的事情，故既不夸张，也不剪裁的把它写下来了……我还没有写过一篇一般人所谓小说的小说，是因为我愿意在章法外接受失败，不想到在章法内得到成功。[3]

同时代批评家在评论沈从文作品的优缺点时指出，在一堆看起来被打磨得洁白光亮的珠宝中，他是一块未经雕琢的宝石，这种评价也许有些许势利。对于那些批评家来说，未经雕琢的宝石这一比喻，可能意味着沈从文是一位"写实主义者"或"自然主义者"。而他们却忽略了他也是一位象征主义者，也忽略了作为作家的他所创造的乡下人形象预示着文学中现代异化人的出现。沈从文笔下的乡下人不仅超越了自己的起源，成为一个跨越种族的形象，而且也是一个超越时间的永恒形象。以沈从文早期作品为基础的任何文学评价都是不公平的，毕竟早期作品还不够成熟。按照沈从文自己的说法，这些小说之所以被写出来，就在于它们"凝聚成为渊潭，平铺成为湖泊"[4]。

注　释

第一章

[1] 苗族是居住在中国西南和西部的 345 个部族之一。苗族人大多生活于云南和湘西，有些人认为是傣族的一支。参见 T. R. 特里盖尔：《中国地理》（T. R. Tregear, *A Geography of China*），Chicago: Aldin（阿尔定出版社），1965 年，第 62—63 页。[此观点与中国学者的看法有异。据历史文献记载和苗族口碑资料，苗族祖先是蚩尤，其先民最先居住于黄河中下游地区，三苗时代又迁移至江汉平原，后又因战争等原因逐渐向南、向西大迁徙，进入西南山区和云贵高原。——译注]

[2] 辰河、麻阳河均为沅江支流。船只因其航行的河流而得名。

[3] 沈从文：《从文自传》，香港：文利出版社，1960 年，第 11—12 页。

[4] 沈从文：《废邮存底》，昆明：开明书店，1943 年，第 33—34 页。

[5] 沈从文：《从文自传》，香港：文利出版社，1960 年，第 21—22 页。

第二章

[1] 沈从文：《从文自传》，香港：文利出版社，1960 年，第 26—31 页。

[2] 袁世凯是 1911 年辛亥革命后代表封建买办政权（指北洋政府——译注）的北方军阀领袖。1916 年，袁世凯复辟帝制失败导致其垮台。同年，袁世凯去世。

[3] 1900 年，爆发了一场广泛而自发的运动——义和团运动。华北地区的农民和手工业者，在民间宗教团体基础上形成秘密会社，武装抵抗外国侵略者。英国、美国、日本、德国、沙俄、法国、意大利和奥匈帝国等国组成八国联军，占领了北京和天津，镇压了这一运动。1901 年，清政府最终被迫签订了丧权辱国的《辛丑条约》。

[4] 沈从文：《从文自传》，香港：文利出版社，1960 年，第 70—71 页。

[5] 同上，第 74 页。

第三章

[1] 沈从文：《从文自传》，香港：文利出版社，1960 年，第 113 页。

[2] 沈从文：《从文自传》，《沈从文全集》第 13 卷，太原：北岳文艺出版社，2002 年，第 356 页。[本章正文标注了 9 个注释，注释部分实际上只提供了 7 条注释，缺少了《从文自传》引文的注释（即本条注释）以及关于《创造周报》的注释，译者补全本条注释后，本章最终有 8 条注释。又因聂华苓使用的《从文自传》是香港版本，较难找寻，故暂且以北岳文艺出版社版《沈从文全集》代之。——译注]

[3] 古印度逻辑学系统的一部分，类似三段论。

[4] 中国佛教的主要形式。大乘佛教主张牺牲自我以普度众生，而不像小乘佛教所主张的修行以求涅槃。大乘的梵文写作 mahayana。

[5] 沈从文：《从文自传》，香港：文利出版社，1960 年，第 136 页。

[6] 19 世纪 60 年代清政府的湖南总督。作为地方部队湘军的创建者和统帅，

具有杰出的军事才能，备受赞誉。

[7] 参见本书第四章。[原注未注明出处，译者补全如下。沈从文：《从文自传》，香港：文利出版社，1960年，第358页。——译注]

[8] 沈从文：《从文自传》，香港：文利出版社，1960年，第140—141页。

第四章

[1] 曹聚仁：《文坛五十年》，香港：新文化出版社，1969年，第43页。[该语是对黄遵宪原话的缩减，原话是对《己亥杂诗》第四十二首的自注："在日本时，与子峨星使言：中国必变从西法，其变法也，或如日本之自强，或如埃及之被逼，或如印度之受辖，或如波兰之瓜分，则吾不敢知，要之必变。将此藏之石函，三十年后，其言必验。"见黄遵宪：《人境庐诗草笺注》，上海：上海古籍出版社，1981年，第826—827页。——译注]

[2] 周策纵：《五四运动史》，斯坦福：斯坦福大学出版社，1967年，第10页。[此处直接采用经周策纵亲自校改过的译文，见周策纵：《五四运动史》，陈永明等译。长沙：岳麓书社，1999年，第12页。——译注]

[3] 蒂伯·门德：《中国革命》，London: Thames and Hudson（泰晤士与哈德逊出版社），1961年，第50页。

[4] 邓嗣禹、费正清：《中国对西方的回应：1839—1923年文献通论》，剑桥：哈佛大学出版社，1966年，第239页。

[5] 同上，240页。

[6]《五四运动史》，第300—303页。[周策纵：《五四运动史》，陈永明等译。长沙：

岳麓书社，1999 年，第 424—425 页。——译注]

[7] 陈独秀：《独秀文存》，上海：亚东图书馆，1922 年，第 362 页。[出自《〈新青年〉罪案之答辩书》一文，原文为"他们所非难本志的，无非是破坏孔教，破坏礼法，破坏国粹，破坏贞节，破坏旧伦理（忠、孝、节），破坏旧艺术（中国戏），破坏旧宗教（鬼神），破坏旧文学，破坏旧政治（特权人治），这几条罪案。"聂华苓对其进行了适当减省、概括。——译注]

[8] 同上，第 362 页。["（赛先生与德先生）"为聂华苓所加，以对两位先生进行说明。——译注]

[9] 邓嗣禹、费正清：《中国对西方的回应》，剑桥：哈佛大学出版社，1960 年，第 239 页。[出自陈独秀《文学革命论》一文。——译注]

第五章

[1] 丁玲，1904 年出生。1951 年斯大林文学奖金获得者。沈从文的密友之一。丈夫青年诗人胡也频于 1931 年被害后，丁玲转而信仰马克思主义。1957 年，被划为右派分子、开除党籍。据称，丁玲 1958 年在北京中国作家协会总部做清洁女工。[此史料原文未注明出处，可能系当时在海外的误传。事实上，丁玲并未在中国作协做过清洁工。——译注]她是享誉中国文坛三十年的著名作家。

[2] 胡也频（1907—1931），青年诗人和热忱的共产主义者，曾在 20 世纪 20 年代后期为中国左翼作家联盟工作。在上海被国民党逮捕并处决，被称为左联五烈士之一。

[3] 抗日战争爆发前，国民党政权在 1927 年到 1930 年间发动了清党运动。他

们镇压、关停共产党领导的工会，迫使工会转入地下工作。工人和工会领导的所有活动都受到压制，其中约有 80% 的抗争者遭到枪击或杀害。

[4] 由中国国民党和国民政府领导的北伐军（国民革命军），以蒋介石为总司令，于 1926 年 7 月在中国南方发动北伐战争。在广大当地民众的支持下，北伐军取得节节胜利，击败了帝国主义扶持的北洋军阀。到 1927 年 1 月，北伐战争为中国赢得了一定程度上的独立和统一。

第六章

[1] 沈从文：《记胡也频》，上海：光华书局，1932 年，第 62 页。

[2] 同上，第 62—63 页。

[3] 沈从文：《记丁玲》，上海：良友图书印刷公司，1934 年，第 165—168 页。

第七章

[1] 温梓川编：《沈从文小说散文选》，香港：新学书店，1957 年，第 1—2 页。

[2] 同上，第 3 页。

[3] 丁玲：《一个真实人的一生》，《胡也频选集》，上海：开明书店，1951 年，第 17 页。

[4] 沈从文：《记胡也频》，上海：光华书局，1932 年，第 78 页。

[5] 沈从文：《边城》，昆明：开明书店，1943 年，第 1 页。

[6] 沈从文:《记丁玲续集》,上海:良友复兴图书公司,1939 年,第 137 页。

[7] 温梓川编:《沈从文小说散文选》,香港:新学书店,1957 年,第 92 页。

[8] 同上,第 94 页。

[9] 梁实秋:《谈徐志摩》,台北:远东图书公司,1958 年,第 2 页。[聂华苓英译与梁实秋原文略有出入,译文取梁实秋原文。聂华苓英译为:"沈从文一向受知于徐志摩。沈从文的许多早期作品,皆发表在 1925 年到 1926 年期间徐志摩主编的北平《晨报》上。后来沈从文也是在徐志摩的推荐之下在上海《新月》月刊发表作品的……"——译注]

[10] 沈从文:《阿金》,昆明:开明书店,1943 年,第 8—9 页。

[11] 蒂伯·门德:《中国革命》,London: Thams and Hudson(泰晤士与哈德逊出版社),1961,第 129 页。

[12] 温梓川编:《沈从文小说散文选》,香港:新学书店,1957 年,第 94—95 页。

[13] 同上,第 99 页。

第八章

[1] 沈从文:《习题》,《阿金》,昆明:开明书店,1943 年,第 3—4 页。

[2] 沈从文:《箱子岩》,《湘行散记》,昆明:开明书店,1943 年,第 73 页。

[3] 沈从文:《三个男人和一个女人》,《新与旧》,昆明:良友图书印刷公司,1944 年,第 42 页。

[4] 同上,第 45 页。

[5] 同上，第 52 页。

[6] 同上，第 53 页。

[7] 同上，第 53—55 页。

[8] 同上，第 60 页。

[9] 沈从文：《建设》，《沈从文子集》，上海：新月书店，1931 年，第 148 页。

[10] 同上，第 146 页。

[11] 同上，第 150—151 页。

[12] 同上，第 154 页。

[13] 同上，第 165—166 页。

[14] 同上，第 168 页。

[15] 同上，第 170—171 页。

[16] 同上，第 177 页。

[17] 同上，第 179 页。

[18] 同上，第 188 页。

[19] 贺玉波：《现代中国作家论》，上海：光华书局，1932 年，第 142 页。

[20] 沈从文：《会明》，《黑夜》，香港：文利出版社，1960 年，第 1 页。

[21] 同上，第 3—4 页。

[22] 夏志清：《中国现代小说史》，纽黑文：耶鲁大学出版社，1961 年，第 199—220 页。[译文取自夏志清：《中国现代小说史》，刘绍铭、李欧梵等译：香港：香港中文大学出版社，2001 年，第 169 页。——译注]

[23] 沈从文:《会明》,《黑夜》,香港:文利出版社,1960 年,第 5 页。

[24] 同上,第 5 页。

[25] 同上,第 13 页。

[26]《中国现代小说史》,第 200—201 页。[译文取自夏志清:《中国现代小说史》,刘绍铭、李欧梵等译,香港:香港中文大学出版社,2001 年,第 169 页。——译注]

[27] 沈从文:《会明》,《黑夜》,香港:文利出版社,1960 年,第 16 页。

[28] 沈从文:《新与旧》,昆明:良友图书印刷公司,1944 年,第 92 页。

[29] 同上。第 100 页。

[30] 韩侍桁:《沈从文先生的小说》,《文学评论集》,上海:现代书局,1934 年,第 93 页。

[31] 沈从文:《给一个写诗的》,《废邮底存》,昆明:开明书店,1943 年,第 9 页。

[32] 沈从文:《八骏图》,《春灯集》,香港:文利出版社,1960 年,第 57 页。

[33] 同上,第 58—59 页。

[34] 同上,第 60—61 页。

[35] 同上,第 80 页。

[36] 同上,第 72 页。

[37] 沈从文:《边城》,第 7 页。(基于《中国土地:沈从文的小说》的译文,由金隄和罗伯特·白英翻译,London: George Allen and Unwin [伦敦:乔治·艾伦 & 昂温出版公司],1947 年。)

[38] 同上,第 8 和 11 页。

[39] 同上，第 31—32 页。

[40] 沈从文：《习题》，《阿金》，昆明：开明书店，1943 年，第 6 页。

[41] 沈从文：《题记》，《边城》，昆明：开明书店，1943 年，第 3 页。

[42] 沈从文：《泥涂》，《黑夜》，香港：文利出版社，1960 年，第 72—73 页。

[43] 同上，第 74 页。

[44] 同上，第 76 页。

第九章

[1] D.H. 劳伦斯：《启示录》，New York: Viking [纽约：维京出版社]，1966 年，第 200 页。

[2] 苏雪林：《沈从文论》，《沈从文选集》，上海：万象书屋，1936 年，第 12—13 页。

[3] 沈从文：《情绪的体操》，《废邮存底》，昆明：开明书店，1943 年，第 41—43 页。

[4] 同上，第 5—7 页。

[5] 沈从文：《夫妇》，《八骏图》，香港：日新书店，1960 年，第 13 页。

[6] 同上，第 14 页。

[7] 同上，第 14—15 页。

[8] 同上，第 15 页。

[9] 同上，第 15—16 页。

[10] 同上，第 17 页。

[11] 同上，第 22 页。

[12] 同上，第 23 页。

[13] 沈从文：《一个多情水手与一个多情妇人》，《湘行散记》，昆明:开明书店，1943 年，第 47—48 页。

[14] 沈从文：《柏子》，《阿金》，昆明:开明书店，1943 年，第 50—51 页。

[15] 同上，第 53—54 页。

[16] 同上，第 55 页。

[17] 同上，第 56 页。

[18] 同上，第 56 页。

[19] 同上，第 56—57 页。

[20] 沈从文：《我的写作与水的关系》，《废邮存底》，昆明:开明书店，1943 年，第 34 页。

[21] 沈从文：《柏子》，《阿金》，昆明:开明书店，1943 年，第 58 页。

[22] 同上，第 60 页。

[23] 沈从文：《静》，《黑凤集》，昆明:开明书店，1943 年，第 43 页。

[24] 同上，第 44—45 页。

[25] 同上，第 49 页。

[26] 沈从文：《萧萧》，《新与旧》，昆明:良友图书印刷公司，1944 年，第 13 页。

[27] 同上，第 15 页。

[28] 同上，第 18—19 页。

[29] 同上，第 21 页。

[30] 沈从文：《三个男人和一个女人》，《新与旧》，昆明：良友图书印刷公司，1944 年，第 43 页。

[31] 同上，第 45—46 页。

[32] 同上，第 53 页。

[33] 同上，第 60 页。

[34] 同上，第 74 页。

第十章

[1] 马逢华：《怀念沈从文教授》，《传记文学》第二卷第一期，出版年不详，第 13 页。[参考文献部分标明出版年为 1957 年。——译注]

[2] 同上，第 13 页。

[3] 何其芳，1912 年出生，诗人和评论家，曾任中国科学院文学研究所所长。[此书出版时，中国社会科学院还未从中国科学院独立出来。——译注]

[4] 马逢华，《怀念沈从文教授》，《传记文学》第二卷第一期，出版年不详，第 14 页。

[5] 同上，第 15 页。

[6] 沈从文，《我的学习》，香港：《大公报》，1951 年 11 月 19 日至 21 日。

[7] 民国时期一度控制中国的经济、政治和军事命脉的蒋宋孔陈四大家族，即蒋介石家族、宋子文家族、孔祥熙家族和陈果夫、陈立夫家族。

[8] 沈从文：《我的学习》，香港：《大公报》，1951 年 11 月 19 日至 21 日。

[9] 同上，1951 年 11 月 21 日。

[10] 沈从文：《沈从文的发言》，北京：《光明日报》，1956 年 2 月 8 日。

[11] 同上。

[12] 沈从文：《沈从文小说选集》，北京：人民文学出版社，1957 年，第 356 页。

[13] 沈从文：《过岭者》，星光文学丛书，1934 年，第 2 页。（其他版本不可用。）

[14] 沈从文：《沈从文小说选集》，北京：人民文学出版社，1957 年，第 313 页。

[15] 沈从文：《主妇》，香港：《明报月刊》，第一卷第八期，1966 年，第 54 页。

[16] 同上，第 54 页。

[17] 同上，第 56 页。

[18] 沈从文：《井冈山清晨》，北京：《人民文学》，1962 年 2 月，第 15 页。（未找到其他版本。）

[19] 沈从文：《过节和观灯》，北京：《人民文学》，1963 年 4 月，第 47 页。（未找到其他版本。）

[20] 沈从文：《不死日记》，上海：人间书店，1928 年，第 63 页。

[21] K. E. 普里斯特利编：《中国文人》，香港：蜻蜓出版社，1962 年，第 1 页。[鲁迅此话出自《小杂感》，最初发表于 1927 年 12 月 17 日《语丝》周刊第四卷第一期，后收录于《而已集》。参见《鲁迅全集》第 3 卷，北京：人民文学出版社，2005 年，第 554 页。——译注]

第十一章

[1] 沈从文:《后序》,《阿丽思中国游记》,上海:新月书店,1928 年,第 2 页。

[2] 苏雪林:《沈从文论》,《沈从文选集》,上海:万象书屋,1936 年,第 4—5 页。

[3] 沈从文:《后记》,《石子船》,上海:中华书局,1931 年,第 141—142 页。

[4]《情绪的体操》,《废邮存底》,昆明:开明书店,1943 年,第 41 页。

参考文献

主要文献（中文）

1. 小说作品

沈从文:《阿金》,昆明:开明书店,1943 年

沈从文:《雨后及其他》,上海:春潮书局,1928 年

沈从文:《阿丽思中国游记》,上海:新月书店,1928 年

沈从文:《黑夜》,香港:文利出版社,1960 年

沈从文:《黑凤集》,昆明:开明书店,1943 年

沈从文:《边城》,昆明:开明书店,1943 年

沈从文:《沈从文甲集》,上海:神州国光社,1930 年

沈从文:《沈从文子集》,上海:新月书店,1931 年 [1]

沈从文:《一个天才的通信》,上海:大光书局,1936 年

沈从文:《呆官日记》,上海:远东图书公司,1929 年

沈从文:《一个妇人的日记》,上海:国华书局,1937 年

沈从文:《不死日记》,上海:人间书店,1928 年 [2]

---

1. 聂华苓原文作 1930 年。

2. 聂华苓原文作 1929 年。

沈从文：《鸭子》，北京：北新书局，1926 年

沈从文：《八骏图》，上海：文化生活出版社，1935 年；香港：日新书店，1960 年

沈从文：《十四夜间》，上海：光华书局，1929 年 [1]

沈从文：《老实人》，上海：现代书局，1928 年 [2]

沈从文：《主妇集》，昆明：商务印书馆，1939 年

沈从文：《旅店及其他》，上海：中华书局，1930 年

沈从文：《入伍后》，上海：北新书局，1928 年

沈从文：《如蕤集》，上海：生活书店，1934 年

沈从文：《一个女剧员的生活》，上海：大东书局，1931 年

沈从文：《长河》，香港：文利出版社，1960 年

沈从文：《蜜柑》，上海：新月书店，1927 年

沈从文：《好管闲事的人》，上海：新月书店，1928 年

沈从文：《一个母亲》，上海：合成书局，1933 年

沈从文：《新与旧》，昆明：良友图书印刷公司，1944 年

沈从文：《石子船》，上海：中华书局，1931 年

沈从文：《月下小景》，香港：文利出版社，1960 年

沈从文：《从文小说集》，上海：大光书局，1936 年

沈从文：《沈从文选集》，上海：万象书屋，1936 年；香港：文学出版社，

---

1. 原文出版地、出版社均作不详，出版时间为 1928 年。

2. 原文出版地、出版社均作不详。

1956 年

沈从文:《沈从文小说选集》,北京:人民文学出版社,1957 年

沈从文:《沉》,出版地不详:出版社不详,1930 年[1]

沈从文:《春》,香港:文利出版社,1960 年

沈从文:《春灯集》,香港:文利出版社,1960 年

沈从文:《虎雏》,上海:新中国书局,1932 年

沈从文:《男子须知》,上海:红黑出版处,1929 年

沈从文:《神巫之爱》,香港:文利出版社,1960 年

温梓川编:《沈从文小说散文选》,香港:新学书店,1957 年

2. 非虚构作品

沈从文:《从文自传》,香港:文利出版社,1960 年

沈从文:《唐宋铜镜》,北京:中国古典艺术出版社,1958 年

沈从文:《中国丝绸图案》,北京:中国古典艺术出版社,1957 年

沈从文:《记胡也频》,上海:光华书局,1932 年

沈从文:《记丁玲》,上海:良友图书印刷公司,1934 年

沈从文:《记丁玲续集》,上海:良友复兴图书公司,1939 年[2]

沈从文:《废邮存底》,昆明:开明书店,1943 年

1.《沈从文全集·附卷》将《沉》列入"有待证实的书",并作如下说明:"《沉》(小说集)约 1930 年上海某书店出版。"(沈从文:《沈从文全集·附卷》(2 版修订本),太原:北岳文艺出版社,2009 年、第 165 页)

2. 原文出版社为良友图书印刷公司。

沈从文:《湘行散记》，昆明：开明书店，1943 年

沈从文:《云南看云集》，重庆：国民图书出版社，1943 年

沈从文:《湘西》，昆明：开明书店，1944 年

沈从文:《昆明冬景》，上海：文化生活出版社，1939 年 [1]

3. 其他作品

沈从文:《巧秀和冬生》，北京：《文学杂志》，1947 年第 2 卷 [2]

沈从文:《过节和观灯》，北京：《人民文学》，1963 年

沈从文:《我们怎么样去读新诗》，洪球编《现代诗歌论文选》，上海：仿古书店，1936 年 [3]

沈从文:《王嫂》，徐霞村等编《小说五年》（三），重庆：建国书店，1943 年 [4]

沈从文:《井冈山清晨》，北京：《人民文学》，1962 年

沈从文:《我的学习》，香港：《大公报》，1951 年 11 月 19 日至 22 日，页数不详

沈从文:《论中国创造小说》，《现代中国小说选》，奉天：东方印书馆，1935 年

---

1. 原文出版地为昆明。

2. 原始文献名为《巧秀和冬生》，《沈从文全集》中为《巧秀与冬生》。

3. 原文出版地、出版社均标注为不详，出版时间为 1934 年。沈从文此文最初发表于 1930 年 10 月第一期的《现代学生》。

4. 原文标注为《小说五年》（一——三），出版时间为 1932 年。

沈从文：《赤魇》，北京：《文学杂志》，1947 年第 2 卷

沈从文：《传奇不奇》，北京：《文学杂志》，1947 年第 2 卷

沈从文：《一点回忆、一点感想》，北京：《人民文学》，1957 年。期数不详[1]

沈从文：《现代中国文学的小感想》，《中国文学读本（一）》，上海：群众图书公司，1931 年[2]

沈从文：《沈从文的发言》，北京：《光明日报》，1956 年 2 月 8 日

沈从文：《阙名故事》，《中国现代小说集》，奉天：东方印书馆，1935 年

沈从文：《雪晴》，北京：《文学杂志》，1947 年第 2 卷

沈从文：《跑龙套》，北京：《人民文学》，1957 年 7 月，期数不详[3]

沈从文：《白魇》，《抗战小说选》，上海：文艺书屋，1945 年[4]

二手文献

此列表包括精选论文、评论和中国现代文学史相关著作；加星号的为汉语论著。

---

1. 实为第 8 期。

2. 群众图书公司（Ts'un Chung Press）1931 年出版的《小说甲选》系中学文学读本第三种，但收录的是沈从文的《论中国创作小说》一文，并非《现代中国文学的小感想》。

3. 实为第 7 期。

4. 原文出版地、出版时间均作不详。

* 赵聪:《五四文坛点滴》, 香港: 友联出版社, 1964 年

* 陈独秀:《独秀文存》, 上海: 亚东图书馆, 1922 年

周策纵:《五四运动研究资料》, 剑桥: 哈佛大学出版社, 1963 年

周策纵:《五四运动史》, 剑桥: 哈佛大学出版社, 1960 年

* 朱光潜:《现代中国文学》, 北京:《文学杂志》, 1947 年, 第二卷 [1]

* 韩侍桁:《沈从文先生的小说》,《文学评论集》, 上海: 现代书局, 1934 年

何干之:《中国现代革命史》, 北京: 外文出版社, 1959 年

* 贺玉波:《现代中国作家论》, 上海: 光华书局, 1932 年

夏志清:《中国现代小说史》, 纽黑文: 耶鲁大学出版社, 1961 年

黄颂康:《鲁迅与现代中国的新文化运动》, 阿姆斯特丹: 贾姆巴坦出版社, 1957 年

* 顾凤城:《新兴文学概论》, 上海: 光华书局, 1930 年

* 梁实秋,《谈徐志摩》, 台北: 远东图书公司, 1958 年

* 刘西渭:《〈边城〉与〈八骏图〉》, 北京:《文学季刊》, 1935 年, 第 2 卷

* 马逢华:《怀念沈从文教授》, 台北:《传记文学》, 1957 年, 第 2 卷

蒂伯·门德:《中国革命》, 伦敦: 泰晤士与哈德逊出版社, 1961 年

K.E. 普里斯特利:《中国文人》, 香港: 蜻蜓出版社, 1962 年

邓嗣禹、费正清:《中国对西方的回应》, 剑桥: 哈佛大学出版社, 1966 年

---

1. 实为 1948 年。

* 丁玲：《一个真实人的一生》，《胡也频选集》，上海：开明书店，1951 年

丁易：《中国现代文学史略》，北京：外文出版社，1959 年

T. R. 特里盖尔：《中国地理》，芝加哥：阿尔定出版社，1965 年

* 曹聚仁：《文坛五十年》，香港：新文化出版社，1969 年

* 杜陵：《记沈从文》，香港：《热风》，1956 年 5 月，第 56—57 页

* 王哲甫：《中国新文学运动史》，香港：远东出版社，1965 年

* 王瑶：《中国新文学史稿》，上海：新文艺出版社，1953 年

沈从文作品英译本：

沈从文：《中国土地》，金隄、罗伯特·白英译，伦敦：乔治·艾伦 & 昂温出版公司，1947 年

［CHING TI and PAYNE, ROBERT. The Chinese Earth. London : George Allen and Unwin, Ltd., 1947. ］

沈从文：《萧萧》，李宜燮译，1938 年 10 月《天下月刊》第 3 期。

［LEE YI-HSIEH. Hsiao-hsiao, in Tien Hsia Monthly. Place unknown, October, 1938. Ⅲ , 3. ］

索 引

(条目后的数字为本书页码)

1980 年 4 月，我和 Paul 在北京走进作家的宴会厅，见到一张发光的脸，微笑望着我们。我立刻知道那就是沈从文，跑过去不断叫着：沈先生，沈先生，没想到，没想到！他握着我的手，仍然淡淡笑着。（1980 年 4 月，北京）

附录一
乡下人沈从文，1984

聂华苓

1980 年 4 月，我和 Paul 到北京，在中国作家的晚宴上，突然回到年轻时光。

回到卞之琳的《断章》：“你站在桥上看风景，看风景的人在楼上看你。明月装饰了你的窗子，你装饰了别人的梦。”

也回到冯至的《南方之夜》：“……燕子说，南方有一种珍奇的花朵，经过二十年的寂寞才开一次——这时我胸中忽觉得有一朵花儿隐藏，它要在这静夜里火一样地开放。”

也回到沈从文的《乡下人》：“这些人生活却仿佛同自然已相融合，很从容地各在那里尽其生命之理。”

那时光是很久很久以前了。

现在，我和 Paul 一走进大厅，卞之琳、冯至、沈从文就在眼前。我恍惚了一下子，只见一张发光的脸，微笑望着我们。

我立刻知道那是谁，跑过去不断叫着：沈先生，沈先生，没想到，没想到！

他握着我的手，仍然微笑着。

我转身拉来和人寒暄的 Paul：你猜这是谁？

Paul 两眼盯着他。

就是那个在衙门口辕门上、云梯上看到许多人头、一串串耳朵的小男孩！我说。

沈从文！沈从文！ Paul 惊喜大叫。他双手捧着沈先生的手说：我在华苓的《沈从文评传》[1] 里，读到你小时候去看杀头的情景。

每逢他讲到中国人的处境，他就会讲那小男孩看到的那一串耳朵。我告诉沈先生。

他仍然淡淡地笑着。

那天，我举杯畅饮，一连干了几杯酒。Paul 吃惊地望着我，对在座的人说：华苓从没这样子喝过酒。

两桌人酒酣耳热，谈笑风生，好像各自都有可庆祝的事。只有沈先生没说话，也没吃什么，只是微笑着坐在那儿。他的脸特别亮。

沈先生，怎么不吃呢？我正好坐在他旁边，为他拣了一块北京烤鸭。

我只吃面条，吃很多糖。

为什么呢？吃糖不好呀。

---

1. 原文未加书名号。

我以前爱上一个糖坊姑娘，没成，从此就爱吃糖。

满桌大笑。

Paul 听了我的翻译，大笑说：这就是沈从文！

我说：小说家又编故事了。沈先生，海外许多人喜欢你的作品。我在台湾有你的《湘行散记》，一位好朋友忍痛割爱送给我，封面很可爱，有个小虎花园，还有几笔小孩画的树木、小屋……

小虎是我儿子。他开心笑了。

那本书传来传去，书页都散了，有的一碰就碎了，我放在卷宗夹子里。离开台湾，我只带了那本书。

我的书都落伍了。

落伍了？

沈先生没有反应。

沈从文的小说，是我六十年代从中国台湾到美国以后才一篇篇细读的。五十年代在台湾，朋友之间私自流传《湘行散记》和《从文自传》，再也找不到沈从文的书了，凡是留在中国大陆的作家的作品，都是禁书……

1964 年，我到美国以后，遍寻沈从文的书。斜靠床头，读乡下人的小说，嗑五香瓜子，瓜子壳撒了一地，又回到故乡的土地上了。沈从文在《习题》一文中写道：

我实在是个乡下人。说乡下人我毫无骄傲，也不在自贬。乡下人照例有根深蒂固永远是乡巴佬的性情，爱憎和哀乐自有它独特的式样，与城市中人截然不同！他保守，顽固，爱土地，也不缺少机警，却不甚懂诡诈。他对一切事照例十分认真，似乎太认真了，这认真处某一时就不免成为"傻头傻脑"。

　　沈从文说过，他能够在一件事上发生五十种联想，这大概不是夸大的话。他的作品有四十多本，题材广博，包括各种各类的人物：小科员、大学教授、年轻学生、潦倒文人、军阀、官僚、政客、土豪、姨太太、妓女、私娼、野鸡、军官、老板、猎人、走私犯、刽子手、土匪、大兵、小商人、农夫、船夫、工人。上、中、下九流人物都出现在他的作品里。

　　他写得最好的还是乡下人，土地上和水上的人。

　　沈从文的文字似乎是平铺直叙，但那是经过艺术家选择安排之后，和具体意象组织而成的文字——诗的文字，视觉，触觉，嗅觉，味觉，叫人五官一起用来欣赏它。沈从文说："文字在一种组织上才会有光有色。"他把自己的文章叫作"情绪的体操"。又说："一个习惯于情绪体操的作者，服侍文字必觉得比服侍女人还容易。"

沈从文是相信自然生命力的。他小说里的人物多半是那种和自然相融合的人。元气淋漓、生机活泼的自然，和文明、理念都没有关系的自然。"从容地各在那里尽其生命之理"——那就是维持中国人在战争、杀戮、死亡中活下去的自然生命力。

自然也可变成毁灭的力量。沈从文在某些作品里也写出与自然相悖逆的人——在战争、现代文明、机器、不幸的命运（好像什么地方有毛病、不合理的那种不幸）各种大力下压抑的人。在那些人物身上，"自然"就有毁灭性了。

中国人是顺应自然的民族。中国人的性格中有山明水秀的平和，也有狂风暴雨的野性。沈从文笔下的人物就是那样的。那些乡下人的爱、憎、欲望、死亡、青春、残暴，全是赤裸裸的自然，是文明人所不认识的自然，现代文明社会的一切规范和他们没有关系。因此，他们在文明人眼中是荒谬的。乡下人认命，安于命，安于死亡。他们没有未来，没有希望，没有幻觉，绝不退却。他们都要活下去，因为活着是很好的。他们都有些荒谬。

例如沈从文在《夫妇》那篇小说里所写的，就是被文明、习俗、法律所摧毁的自然。故事是从一个叫"璜"的不敢吃带血炒小鸡的城里人的观点来讲的。他到乡下去为了要治疗神经衰弱症。听见有人叫"捉了一对东西"，他以为是"捉到了两只活野猪"。村民围着看热闹。

原来所缚定的是一对年轻男女。男女全是乡下人，皆很年轻。女的在众人无怜悯的目光下不作一声，静静的流泪。不知是谁还把女人头上插了极可笑的一把野花，这花几乎是用藤缚到头上的神气，女人头略动时那花冠即在空中摇摆，如在另一时看来当有非常优美的好印象。[1]

　　这段文字是《夫妇》这篇小说中最重要的一段文字。那一把野花是小说的基调，在小说里一再出现。野花、活野猪都是自然界的"东西"，那一对年轻男女也被叫作"东西"。他们两人和野花、野猪一样是"自然"的生命。他们两人体现的自然，就被作者不着痕迹地暗示出来了。

　　那一对年轻人大白天在山坳撒野，被一群汉子捉来示众。为什么必须捉来，被捉的人和捉的人皆似乎不甚明白。

　　璜又看看女人。女人年纪很轻，不到二十岁。穿一身极干净的月蓝麻布衣裳。浆洗得极硬，脸上微红，身体硕长，风姿不恶。身体风度都不像个普通乡

1. 引文与沈从文的原文略有差异，比如"一对年轻男女"，沈从文原文为"一对年青男女"；再如"静静地流泪"，沈从文原文为"静静的流泪"。附录所收录的两篇文章均保持聂华苓文字原貌，未作修正。

下女人。这时虽然在流泪，似乎全是为了惶恐，不
是为了羞耻。

女人那一身打扮，叫人想到月亮的蓝，叫人闻到浆洗得极
硬的衣裳透着的太阳气味，叫人摸到麻布衣裳的粗糙。那些
感觉全叫人联想到自然。自然是不知羞耻的。

有个满脸疙瘩再加上一条大酒糟鼻子的汉子，像
才喝了烧酒……从人丛中挤出来，用大而有毛的手
摸了女人的脸一下……主张把男女衣服剥下，一面
拿荆条打，打够了再送到乡长处去。有人扯了这汉
子的裤头，说有城里人在此，他才停住了。

属于自然的欲望是美丽的，就像女人头上插的那一把野花
和那喝了烧酒的汉子经过刺激的肉欲是一对照。

一个军人模样的人出现了。大家喊他作练长，是本地有实
力的人物。他吆喝人站开，向城里人炫耀威风，用税关中人
盘问行人的口吻，盘问那一对年轻男女。

那女子不答，抬头望望审问她的人的脸，又望望
璜，害羞似的把头下垂，看自己的脚，脚上的鞋绣

235

两个月以后，我们从外地回北京，他患风湿的两腿行动已不便，也衰老一些了。他仍然微笑着，笑得那么自然，那么恬静，无挂、无虑、无求。（1980年6月，北京）

得有双凤，是只有乡中富人才会穿的好鞋。这时有
人夸奖女人的脚的，一个无赖男子的口吻。那练长
用同样微带轻薄的口吻问："你从哪里来的，不说我
要派人送你到县里去！"

大家提出各种处罚的办法。喂尿给男子吃，喂牛粪给女子
吃——那一类近乎孩子气的话。那一对男女都不作声。

作者写到这儿，小说的主题完全发挥了：人性中的自然和
文明、法律、习俗的对比。

那时作练长的裁判官最后才知道：那一对年轻乡下人原来
是一对夫妇！新婚不久，一同回娘家，走在路上，天气太好，
两人就坐在新稻草堆旁边看山上的花。风吹，鸟叫。他们就
想到一些年轻人做的事，就被人捉到了。

1980年4月，我和Paul在北京见到沈从文先生后，又去
了十几个地方。两个月以后回到北京。在我们离开北京返美
之前，一定要去看看沈先生夫妇。沈先生作品里写到"黑里俏"，
也许当年的张兆和是个黑里俏的美人。眼前的张兆和仍然俏
丽，俏中透着沧桑。

那时从美国到北京，必须经过香港。在香港就有朋友告诉
我，沈先生的处境好一些了，以前只有一间小屋子，现在搬到

社会科学院新宿舍了。4月见面时，沈先生脸色红润。这次见面，他两腿已患风湿，行动不便。仅仅两个月，沈先生就衰老一些了。沈先生改善的家有两间房。室内陈设简单，一张镶嵌波斯人玩球的古雅木柜，也就特别显眼。那才是写出《静》那样精致小说的沈从文所欣赏的艺术品，我盯着那柜子如此想。

我以前收集的东西很多，在"文化大革命"中全丢了，沈先生说。他仿佛已体会到我的怅惘。

我转头看靠墙的书架，上面摆着一些书。

我的书，在"文化大革命"中，论斤论两卖掉了。

我告诉沈先生，六十年代美国传文出版社（Twayne Publishers）计划出版一套世界文学家评传的丛书，约我写《沈从文评传》，我到处找他的书。跑遍了几所大学的图书馆，在香港旧书店布满灰尘的旧书堆挖掘，才收集了他的部分作品。

没有什么值得写的，沈先生说。

您是我最佩服的现代中国小说家。

沈先生谦虚地笑笑。

您不写了，是中国文学一大损失。

我的小说过时了。

好的艺术品永远不会过时。

现在研究古代丝绸，不是写作的心情了，也写不出来了。

沈先生夫妇带我们走进内室，到处堆着资料。他俩捧出一叠厚厚的本子，上面全是古代服饰，丝绸锦绣纹样。一片片精美厚朴的锦绣，明暗交织着细致的色彩，就和沈先生一篇篇小说一样。那是他在漫长艰苦的日子里，用另一种方式而凝炼的艺术匠心，是否用笔写出，也就无所谓了。

我和 Paul 惊叹得说不出话了。

沈先生微笑着，笑得那么自然，那么恬适，无挂，无虑，无求。那微笑透着摸不透的禅机。

这么一间小屋子，这么多的资料，怎么工作呀！我说。

屋子在大街上，来往车辆太多，太吵了。沈先生说。

这些丝绸锦绣，有艺术价值、历史价值、学术价值，甚至有实用价值。

很对，可以仿造，增加外销。我建议了。

有结果吗？

没有办法。他摇摇头，仍然微笑着。

我们离去时，沈先生夫妇送到楼梯口。

我说：下次来北京，再来看你们。

走出公寓大楼，我对 Paul 说：沈从文是中国现代最好的小说家，三十年没写小说了。现在，我觉得他并没浪费三十年，他保持了人格和艺术的尊严。

我完全同意。你不知我有多感动。他是中国的国宝呀！……

四年以后，1984 年 6 月，我一人到北京。沈先生在头一年已中风了。本不敢去扰他，但是，再不去看他就来不及了。老一代逐渐凋零了。1980 年，去看茅盾先生，他刚从医院回家。见到我和 Paul 说：我很想见你们。离去时，他坚持要送到大门口。我们拦住他。我永远也忘不了他喘着气拄着拐杖站在天井里，向我和 Paul 频频招手的神情，依依不舍——不舍他最后尚存的生命。我们一步一回头。他不断招手，微微地，依恋地。走出门外，我很久说不出话……

我终于决定去看沈先生。他还可以站起来，但不便行走。当天下午他还得去医院检查。我没久留，也没多说话，只是要沈先生知道，天涯海角有那么一个人，在为人和写作上，沈从文是她仰望的天空。离去时，沈先生坚持拄杖送我，未必他知道那就是最后一面了？一个中年男子扶着他，送我到楼梯口。那就是我捧着读的《湘行散记》的封面上小虎花园的小虎。

（选自聂华苓:《三生影像》(增订本)，北京：生活·读书·新知三联书店，2012 年，第 424—430 页。)

附录二

与自然融合的人回归自然了

—— 台北旅次惊闻沈从文先生辞世

聂华苓

在台北旅次获悉沈从文先生辞世的消息，我和保罗·安格尔都有无限的哀思。我们是他的忠实读者，也敬佩他为人的风骨。1971 年，美国有一家专门出版学术著作的出版社 Twayae Publication[1]，要出版一系列介绍各国作家的书，他们找我负责写一位中国作家，我选的就是沈从文；这本书在 1972 年出版，内容包括了他的生活背景及作品分析。

在我以英文写《沈从文》[2]这本书的期间，安格尔常听我提起沈从文的种种，对他很好奇，而且仿佛也很熟悉了。

1978 年，我和安格尔第一次去大陆旅行，那时"文革"结束不久，大陆的政策尚不如近几年开放，我们想要去拜见沈从文，却未获准，这是我们那趟旅行中深感遗憾的事。1980

---

1. 应是 Twayne Publishers。

2. 即《沈从文评传》，下同。

年我们又去大陆旅行，到了北京我仍说想见沈从文，我把他的名字写在一张纸上，大概我的字写得太潦草了，负责去传话的人竟回来跟我说："找不到'沈从又'这个人！"原来他把"文"看成"又"了。这也让我有许多感慨。沈从文近年来一心一意做中国服饰研究，年轻的一代人大多不知道"沈从文"这个作家了！

不过，还好，那次我们终于见到了沈从文。第一次是在一次晚会上，沈从文那时尚未中风，红光满面，看起来神采奕奕。我问安格尔："你知道这人是谁吗？"安格尔笑了笑，说："他是沈从文！"沈从文听了，很高兴一个陌生的美国人第一次见面就认出了他。他对我写了《沈从文》一书，把他和他的作品介绍给西方世界的读者一再致谢，觉得很欣慰。

沈从文那时虽然尚未中风，但说的话不多，吃得也很少，不过很爱吃糖。关于吃糖这件事，沈从文解释说：

"我年轻的时候喜欢上一个糖坊的姑娘，就爱吃糖！"我把这话翻译给安格尔听，安格尔哈哈大笑。

后来我到他家去看他。那时他住在一栋很小的公寓楼上，只见屋里堆满了他做中国服饰研究的资料。我大略翻阅了一下，发现他把每一件资料都做得很整齐。从这里可以看出沈从文先生的个性：不论写作或研究，他都是抱着严谨的态度，不是马虎了事。

1984 年我再到北京，当然又去拜访沈从文。他已搬到一座比较宽敞的房子里，据说是社会科学院配给他的。不幸的是，他已中风了。我们去拜访他时，他要站起来都很费力，需要他的太太张兆和帮忙扶着才能站起来。我看了心里很难过，就劝他坐着。他的气色不再红光满面，说话也显得很吃力。看到这种情形，我知道他的体力差了，没敢逗留太久就告辞了。这是沈从文留在我记忆里最后的印象。

如果沈从文近年来仍有文学作品发表，他也许早就获得诺贝尔文学奖了。诺贝尔文学奖颁赠的对象，条件之一必须是近年仍有创作。沈从文虽然好几年前就获提名，但三十多年没有创作，这个条件就比其他获提名的作家差了一截。

虽然如此，沈从文仍是我国现代文学史上最了不起的作家之一。他学历不高，全靠自己苦修苦读，加上先天的文学才情，在四十六岁之前就已写了四十多本包括短篇小说、长篇小说、游记、传记、寓言、戏剧、诗、论文、文学批评的作品。他在《阿丽思中国游记》的序文里说，他能够在一件事上发生五十种联想；丰富的联想力，正是成就一个作家的首要条件。

沈从文由于生活经验丰富，小说题材非常广博，包括各种类型的人物：小科员、大学教授、年轻学生、潦倒文人、军阀、官僚、政客、土豪、姨太太、妓女、私娼、军官、老板、刽子手、土匪、大兵、小商人、农夫、船夫、工人……中国社会中的三教九流人物，几乎都出现在他的作品里。不过他写得最好的，还是乡下人：贴地的人和水上人。这自然和他自小在湘西成长的经历大有关系。他自己在《〈从文小说习作选〉代序》一文中也坦率地写道："我实在是个乡下人。说乡下人我毫无骄傲，也不在自贬。乡下人照例有根深蒂固永远是乡巴佬的性情，爱憎和哀乐自有它独特的式样，与城市中人截然不同！"

由于是乡下人，沈从文和劳伦斯一样，都认为人的生活必须适应自然的旋律，现代人的毛病是人和自然失去了和谐。但他们所认为的自然，并非哈代作品中那种与人为敌的阴沉的自然；而是元气淋漓、生机活泼的自然。因此沈从文小说里的人物，多半是那种与"自然"相融合的人；"从容地各在那里尽其生命之理"——那就是维持中国人在战争、杀戮、死亡中活下去的自然生命力。

沈从文被称为文体作家。苏雪林在一篇评文中曾说沈从文的作品"文字虽然很有疵病，而永远不肯落他人窠臼，永远新鲜活泼，永远表现自己。他获到这套工具之后，无论什么平凡的题材也能写出不平凡的文字……句法短峭简练，富有单纯的美……造语新奇，有时想入非非，令人发笑"……但沈从文的成就，应该超过那些评语之上。批评沈从文的人，很少看出他的作品的"现代性"。表面看来，他用的是平铺直叙的文字，但那是经过艺术家选择、安排之后，和具体的意象组织起来的一种文字——诗的文字。沈从文自己说过："文字在一种组织上才会有光有色。"他把自己的文章叫作"情绪的体操"："一个习惯于情绪体操的作者，服侍文字必觉得比服侍女人还容易。"的确，沈从文服侍文字的功力是很深的。他的文字是叫人感觉的：视觉、听觉、触觉、嗅觉、味觉——叫人五官一起用。

近几年来，大陆许多年轻一辈小说家受沈从文的影响很深。他们汲取了沈从文作品的养分，受到他的启发。

沈从文近四十年不能写小说，这是中国现代文学史上的一大损失……

如今沈从文已离开。旅次匆匆提笔写此悼念之文，我只能由衷地希望他在天之灵安息。

1988 年 5 月 11 日台北旅次

（选自吉首大学沈从文研究室编：《长河不尽流——怀念沈从文》，长沙：湖南文艺出版社，2018 年，第 326—329 页）

图书在版编目（CIP）数据

沈从文评传 ／（美）聂华苓著；刘玉杰译 . —— 北京：
北京联合出版公司，2022.1
ISBN 978-7-5596-5665-0

I. ①沈… Ⅱ. ①聂… ②刘… Ⅲ. ①沈从文（
1902-1988）－评传 Ⅳ. ① K825.6

中国版本图书馆 CIP 数据核字（2021）第 225638 号

北京市版权局著作权合同登记 图字：01-2021-5802

沈从文评传

作　　者：（美）聂华苓
译　　者：刘玉杰
出 品 人：赵红仕
责任编辑：牛炜征
特约编辑：肖　瑶　张兰坡
封面设计：鹏飞艺术

北京联合出版公司出版
（北京市西城区德外大街 83 号楼 9 层　　100088）
三河市中晟雅豪印务有限公司印刷　　新华书店经销
字数 150 千字　960 毫米 ×640 毫米　1/16　16.75 印张
2022 年 1 月第 1 版　　2022 年 1 月第 1 次印刷
ISBN 978-7-5596-5665-0
定价：49.80 元